KB058612

1코노미

1코노미

1CONOMY

1인 가구가 만드는 비즈니스 트렌드

이준영 지음

21세기북스

1코노미 비즈니스에
도전하는 이들을 위해

"사람들은 어디에 있어? 사막에서는 조금 외롭구나."

어린왕자의 질문에 뱀이 말했다.

"사람들 속에서도 외롭기는 마찬가지야."

– 생텍쥐페리 「어린왕자」 중에서

『어린왕자』에 나오는, 외로움의 본질을 통찰하는 장면이다. 사람들은 혼자 있기 때문에 외롭다고 생각하지만 함께 있다고 그 외로움이 해소되는 건 아니다. 현대인들은 이전 시대보다 더 많은 사람들과 관계를 맺고 수많은 SNS 친구에 둘러싸여 살아가지만 언제나 깊은 외로움의 감정을 느낀다. 그 때문에 스스로에게 질문을 던지며 고민한다. "왜 이렇게 외로울까? 내가 제대로 살고 있는 게 맞을까? 혹시 나에게 뭔가 문제가 있는 건 아닐까? 이대로 살아도 괜찮을까?" 사막보다 더 치열하고 황량한 현실 속에서 홀로 사는 외로움은 때로 고통의 감정으로 변하기도 한다.

이 책은 이러한 고민을 안고 살아가는 나홀로족들에게 공감의 장을 열어준다. 나뿐 아니라 내 친구, 내 이웃, 더 나아가 우리 사회의 많은 이들이 같은 고민을 하며 외로움으로 힘들어한다는 사실을 알게 될 것이다. 또한 외로움의 본질이 무엇이고 그 외로움을 어떻게 극복할 것인지에 대해서도 다시 한 번 생각해볼 계기가 되리라 생각한다.

나홀로족이 많아지는 현상은 전 세계적인 메가 트렌드다. 추이로 보아 우리나라도 앞으로 머지않은 미래에 1인 가구가 가장 높은 비율을 차지하게 될 것이다. 1인 가구가 급증하는 현실을 반영해 '1인'과 '이코노미'를 합성한 '1코노미'라는 신조어가 탄생했다. 부모와 자녀로 구성된 전통적 가족의 개념은 빠르게 해체되고 원자화된 개인들만 남는 사회로 변화하는 것이다.

2020년이면 1인 가구의 시장 규모가 120조 원에 이를 전망이다. 모든 기업들이 1코노미 트렌드에 집중하는 이유다. 1인 가구의 급증은 개인화(個人化) 비즈니스 트렌드의 새로운 장을 열었다. 혼자 사는 사람들을 위한 개인 보안·안전 산업이 발전하고, 고독을 달래주는 반려동물과 반려식물 산업이 급성장하고 있으며, 홀로 여가와 레저를 즐기는 사람들을 위한 상품과 서비스가 쏟아져 나오고 있다. 개인 맞춤형 서비스는 빅데이터 분석과 큐레이션을 통해 고객의 DNA까지 분석해 상품을 제공하기에 이르렀다.

이 책은 1코노미 사회의 다채로운 변화상을 분석하고 있다. 1인 가구 시장에 도전하는 기획자나 마케터, 비즈니스 리더라면 1코노미 소비자의 심리를 이해함으로써 이들이 열망하는 상품을 기획하고 개발하는 데 필요한 강력한 통찰력과 아이디어를 손에 넣을 수 있을 것이다. 싱글 라이프를 지향하는 독자라면 삶을 더 풍성하게 만들 생활의 지혜를 얻을 수 있다. 또한 1인 가구 시대를 준비하는 우리 사회가 앞으로 무엇을 준비해야 할지 종합적인 통찰력도 함께 제공해줄 것이다.

'나로서'와 '홀로서기'를 합성한 '나로서기'라는 단어가 있다. 대학내일 20대연구소가 발표한 신조어로, 외부의 치유에 기대지 않고 내면에 집중해야 비로소 나만의 홀로서기를 시작할 수 있다는 뜻이다. 나로서기를 해야만 하는 이 세상이 때로는 사막처럼 느껴진다. 그럼에도 사막이 여전히 아름다운 이유에 대해 어린왕자는 이렇게 이야기한다.

"사막이 아름다운 건 어디엔가 우물이 숨어있기 때문이야. 눈으로는 찾을 수 없어 마음으로 찾아야 해."

겉으로는 삭막해보이지만 사막 속에 감추어진 오아시스를 찾아내는 지혜와 능력을 이 책을 통해 얻기를 기대해본다.

이 책이 나오기까지 주위 분들의 도움이 매우 컸다. 먼저 책을 집필하면서 격려를 아끼지 않은 가족들에게 감사의 마음을 전하고 싶다. 자료 수집과 정리를 도와준 상명대 소비자분석연구소 이제성 연구원에게도 고마움을 전한다. 소비자학 동아리인 2CM 학생들을 통해 젊은 세대의 생각을 읽을 수 있었다. 이들에게도 감사의 말을 전한다. 출판까지 물심양면으로 노력을 기울인 북이십일의 이남경 팀장님과 책임편집을 맡은 이현정 편집자님께도 감사의 말을 전한다. 책이 나오기까지 지원을 아끼지 않은 북이십일 출판사 김영곤 사장님께도 감사의 마음을 전한다. 이 외에도 도움을 주신 여러 직원분들에게도 감사의 말씀을 드린다. 추천사를 아낌없이 써주신 김난도 선생님께도 깊이 감사드린다.

상명대학교 연구실에서
이준영

PART 3 1코노미 비즈니스

CONOMY

PART 1

1인 가구
전성시대

01

1코노미 시대

혼자 사는 사람들이 늘고 있다. 지금 일본에는 '초(超)솔로 사회'라는 말이 유행이다. 일본 후생성 산하의 국립 사회보장인구문제연구소에 따르면 2035년에는 일본 인구의 절반인 4,800만 명이 비혼, 이혼, 사별 등을 포함한 독신가구가 될 것으로 추정하고 있다. 비단 일본뿐일까. 1인 가구가 늘어가는 현상은 전 세계적인 메가트렌드다.

혼자가 좋은
사람들

1980년까지만 해도 우리나라의 1인 가구가 전체 가구에서 차지하는 비중은 4.8퍼센트에 불과했으나 2015년 27.2퍼센트로 크게 올랐다. 이는 OECD 국가 중 가장 빠른 증가세다. 최근 통계청은 2020년 우리나라의 1인 가구가 전체 가구 중 약 30퍼센트에 육박하는 600만 명에 달할 것으로 예상된다고 밝혔다. 연평균 5~7.6퍼센트에 달하는 증가율을 보이고 있는 것이다. 이는 2인 가구 증가 속도보다 높은 수치이며, 3인 가구의 1.5배에 달하는 수치다.

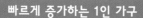

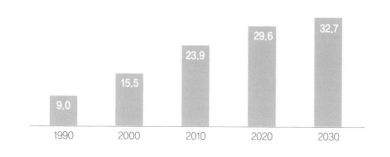

(1인 가구 비중, %)

자료: 통계청

주요 국가의 1인 가구 비율

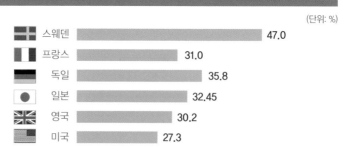

(단위: %)

국가	비율
스웨덴	47.0
프랑스	31.0
독일	35.8
일본	32.45
영국	30.2
미국	27.3

자료: 한국법제연구원(일본·영국 2010년, 프랑스·독일 2011년, 미국·스웨덴 2012년 기준)

1인 가구의 증가는 전 세계적인 현상이다. 세계 각국에서 1인 가구가 급증하는 현상이 갈수록 심화되고 있는 가운데, 1인 가구 비율이 가장 높은 나라로는 스웨덴이, 증가 추세가 가장 빠른 나라로 다름 아닌 한국이 꼽혔다.

통계청의 '인구주택총조사'를 보면 우리나라 인구구조의 극적인 변화를 알 수 있다. 1980년에는 '5인 이상 가구'가 전체 가구의 절반을 차지하며 가장 일반적인 가구 유형이었다. 당시만 해도 한 집에 자녀·부부·노부모 3대가 거주하는 대가족 형태가 가정의 전형적인 모습이었다. 그러나 35년이 지난 지금, 이러한 가족 형태는 오히려 찾아보기 어려워졌다.

드라마 〈응답하라 1988〉에 나온 덕선이네도 5명으로 구성된 그 당시 가장 전형적인 가정의 모습이었다. 그러나 이제는 MBC 예능 프로그램 〈나 혼자 산다〉에 나오는 연예인들처럼 혼밥을 하는 1인 가구도

1	2
귀가한 아버지, 식사를 준비하는 어머니 그리고 함께 모여 있는 나와 형제들	나만의 취향으로 이루어진 나만의 공간에서의 싱글 라이프

자료: tvN, MBC

일반적인 가정의 모습 중 하나로 자리 잡아가고 있다.

통계청이 2016년에 발표한 '2015년 인구주택총조사'에 의하면, 1인 가구가 전체 가구의 27퍼센트를 차지한 반면, 5인 이상 가구는 6퍼센트에 머물렀다. 특히 지난 35년간 전체 가구 수는 인구수보다 더 빠른 속도로 증가했는데, 이 역시 1인 또는 2인으로 구성된 소규모 가구가 급속히 늘어났기 때문이다.

1인 가구가 이토록 급격하게 늘어나는 이유는 무엇일까. 무엇보다 결혼시기가 늦어지고 이혼율이 높아지며 독신가구가 늘어나는 것이 주된 원인이다. 특히 20~30대 젊은 층에서 1인 가구가 많이 늘고 있다. 결혼이 늦어지면서 부모로부터 독립한 자발적인 1인 가구가 많아지고 있기 때문이다. 취업 후 일정 부분의 경제력을 보유하고, 자신

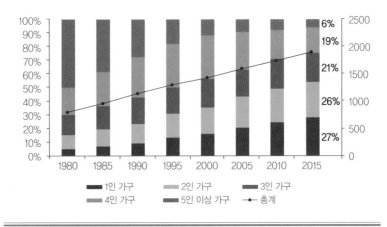

가구 구성의 변화 추이

(단위: 1만 가구)

범례
■ 1인 가구 ■ 2인 가구 ■ 3인 가구
■ 4인 가구 ■ 5인 이상 가구 ● 총계

자료: 통계청

만의 영역에서 싱글 라이프를 즐기는 사람들이 늘고 있는 것이다. 게다가 급격히 가속되는 고령화로 인한 독거노인의 증가도 1인 가구 확대를 심화시키고 있다.

솔로 이코노미,
소비지도를 바꾸다

급증하는 1인 가구는 단순한 인구통계학적 현상에 머물지 않고 경제·사회·문화·정치의 구조를 변화시키는 강력한 영향력을 가진 변수로 부상하고 있다. 개별 1인 가구의 소비 파워는 작지만 1인 가구들이 합쳐져 만들어내는 거대한 소비 트렌드의 조류는 시장에서 강력한 힘을 발휘하기 시작했다. 1인 가구가 소비의 패러다임을 바꾸면서 산업 구조에까지 영향을 미치고 있는 것이다. 1인 가구의 증가로 인해 만들어지는 경제현상이 심화되면서 '솔로 이코노미Solo Economy'라는 신조어가 등장했다.

솔로 이코노미는 미국 뉴욕대학의 에릭 클라이넨버그Eric Klinenberg 교수가 2012년 발간한 저서 『고잉 솔로Going Solo』에 처음 등장했다. 클라이넨버그 교수는 이 책에서 "2010년 미국 성인 싱글의 1인당 연평균 소비액이 3만 4,000달러로 무자녀 및 유자녀 가족 부부의 1인당 소비액보다 높다."라며 "고소득 싱글족이 증가하면서 이들의 경제적 영향력이 더욱 커질 것"이라고 전망했다. 또한 소득과 소비 수준이 높은 1인 가구 증가 현상이 미국 경제에 커다란 파급효과를 가져올 것으로 분석했다. 2015년 1월 스위스 다보스에서 열린 세계경제포럼WEF에서도 솔로 이코노미가 주요 의제로 상정됐다. 경제잡지 「포천」은 1인 가구가 이제 '틈새 시장Niche Market'을 넘어 '새로운 소비동력'으로 자리 잡으면서 주류 시장Main Market으로 성장하고 있다고 지적했다.

1인 가구의 증가로 인한 다양한 변화는 빅데이터 분석에서도 감지된다. 포털사이트 네이버에서 '1인 가구'라는 키워드로 검색어 추이를 분석해보니 해당 검색 건수가 꾸준히 상승세를 보이고 있다. 이러한 추이를 통해 '1인 가구' 키워드가 지속적으로 우리 사회의 주요 화두로 자리 잡아가고 있음을 알 수 있었다. 또한 SNS 분석도구인 다음

'1인 가구' 키워드 분석

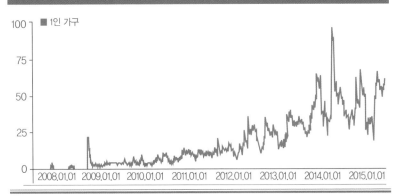

자료: 네이버 검색어

소프트의 소셜매트릭스를 통해 '1인 가구'의 연관어를 분석해보니 '증가', '식사'와 같은 키워드들이 나타났다. 또한 '가구', '생활', '주택' 등 1인 가구의 현실적인 필요와 연관된 단어들도 연결되었다. 1인 가구를 긍정·부정의 의미 측면에서 살펴보면 '외롭다', '좌절하다', '어렵다' 등의 부정적 측면과 함께 '대세', '예쁜', '기대' 등의 긍정적인 측면도 동시에 나타나고 있었다.

나홀로족의
다양한 스펙트럼

1인 가구는 단순히 혼자 사는 사람만을 가리키는 것은 아니다. 혼자만의 라이프스타일을 즐기는 사람이라면 누구나 1코노미의 가치관을 지

'1인 가구' 연관어 분석

No.	연관어	분류	탐색건수
1	가구	상품	3,753
2	증가	심리	1,377
3	가족	속성	1,371
4	식사	취미/여가	1,002
5	서울	장소	910

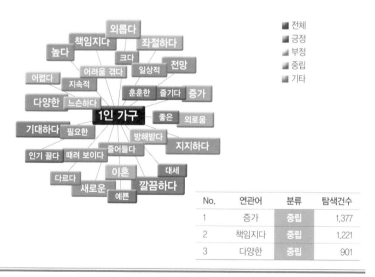

No.	연관어	분류	탐색건수
1	증가	중립	1,377
2	책임지다	중립	1,221
3	다양한	중립	901

자료: 다음 소프트

향한다고 볼 수 있다. 즉 1인 가구는 물리적 · 공간적으로 혼자 사는 것뿐만 아니라 심리적 · 정신적 나 홀로 라이프스타일까지 포함한다.

이러한 1코노미의 가치관을 지향하는 사람들이 바로 캥거루족이다. 서울연구원에서 발표한 자료에 따르면 서울에 거주하는 미혼 성인(25~34세) 10명 중 6명이 여전히 부모로부터 거주 및 경제적 독립을 하지 못한 캥거루족이다. 이들은 비록 몸은 다인 가구에 살고 있지만 라이프스타일은 1인 가구로 사는 이중성을 보인다. 이처럼 1인 가구의 모습은 생각보다 다양하다. 1인 가구에 관한 글로벌 신조어를 통해 1코노미의 다양한 스펙트럼을 살펴보자.

패러싱글족 parasite+single

패러사이트 parasite(기생충)와 싱글의 합성어로, 독립할 나이가 됐지만 경제적인 이유로 부모에게 얹혀살면서 자신들만의 독립적인 생활을 즐기는 사람들이다. 이들은 자신의 방에 컴퓨터, TV, 오디오, DVD 플레이어 등을 갖추고 있다. 가족과 살기 때문에 일상생활은 공짜로 이용하면서도 별도의 독신가구처럼 생활하는 것이다.

기생독신

패러싱글족의 또 다른 표현으로 1990년대 장기 불황에 빠진 일본에서 유행한 신조어다. 독립할 나이가 지났지만 취업난과 집값 상승으로 부모에게 얹혀살며 주거비를 아끼고 현 생활수준을 유지하려는 이들을 말한다. 캥거루족이면서 심리적으로는 1인 가구인 모순적 형태다.

네오(新)싱글족

새로운 형태의 독신문화인 '네오싱글족'은 결혼을 '못해' 주변의 시선을 의식하던 이전의 독신자들과는 달리 탄탄한 경제력, 디지털 활용 능력을 갖추고 자신들만의 독신문화를 만끽하는 사람들이다. 골드 미스, 골드 미스터라고 불리기도 한다.

글루미 제너레이션gloomy generation

싱글 문화는 비단 지금의 현상만은 아니다. 2007년 등장한 글루미 제너레이션은 혼자 있기를 원하는 '외톨족' 혹은 '나홀로족'을 가리키는 말이다. 통제 가능한 가벼운 우울을 감성의 원천으로 삼고 있는 글루미 제너레이션은 우울한 사람들이나 음울한 사람들만을 의미하지는 않는다. 혼자만의 자유로운 공간과 시간을 가지면서 건강한 고독을 즐기는 사람들이다. 이들은 혼자만의 일, 여행, 취미 활동을 통해 일상에서의 우울감을 적극적으로 극복하고자 한다.

와이즈wise족

2007년 영국의 「더 타임스」 온라인판에서 처음으로 언급된 용어로, '나 홀로 경험을 고집하는 여자들women who Insist on Single Experience'의 약자다. 홀로 식당을 예약해 밥을 먹고, 혼자 영화를 보고, 혼자 짐을 싸서 여행을 떠나는 여자들을 지칭한다.

20년 전에도 '싱글족'은 있었다. 1996년 어느 일간지의 제목은 '화

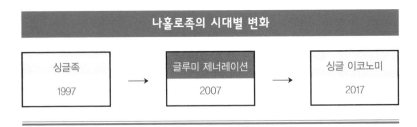

나홀로족의 시대별 변화		
싱글족 1997	글루미 제너레이션 2007	싱글 이코노미 2017

려한 싱글은 원룸을 좋아한다'였으며, 당시 『나는 초라한 더블보다 화려한 싱글이 좋다』, 『시집 안 간 여자, 시집 못 간 여자』 등의 책이 베스트셀러에 오르기도 했다. 그전에는 '독신주의자'로 불렸다. 이렇듯 혼자 사는 문화는 이름을 달리해 계속해서 나타나고 있는 셈이다. 다만 과거의 싱글족이 '결혼' 여부에 따라 결정됐다면, 지금의 나홀로족은 '취향'의 문제다.

오랫동안 우리 사회는 공동체를 중시하고 개인을 등한시했다. 그래서인지 오롯이 '나'를 중심으로 생각하고 행동하는 지금의 솔로 이코노미의 시대가 더욱 역동적으로 다가오고 있다.

1코노미 시대
비즈니스 전략

그럼 지금 어떤 1인 가구들이 증가하고 있는 것일까. 이제는 1인 가구에 대한 양적인 측면을 넘어 질적인 부분을 살펴봐야 한다.

OECD 더 나은 삶의 지수

(36개국 중 한국 순위)

 소득
24위

 사회적 연계
36위

 교육
4위

 환경
30위

 건강
31위

 삶의 만족도
29위

자료: OECD

1인 가구가 늘면서 개인은 파편화되고 타인과의 연대 및 연계 수준이 더욱 취약해지고 있다. 급속한 산업화 속에서 사람들은 이전에 마을 공동체에서 볼 수 있었던 공동체적 연대의식이나 특유의 정 문화를 많이 잃어버렸다. 2015년 경제협력기구ECO가 조사한 결과에 의하면 특히 사회적 연계 부문에서 전체 36개국 중 꼴찌를 기록할 정도로 사회적 연대가 매우 취약한 것으로 나타났다. 이는 어려움이 있어도 기대거나 의지할 사람이 없다는 것이다. 외로운 한국인의 모습이 여실히 드러난 결과다.

앞서 지적한 바와 같이 1인 가구의 증가 추세는 결혼 기피, 이혼, 저출산, 고용 불안 등의 다양한 사회문제와 연결돼 있다. 게다가 1인 가구는 몸과 마음의 건강 상태도 양호하지 못한 편이다. 한국보건사회연구원에 따르면 1인 가구의 만성질환율, 외래진료 경험률, 입원율, 우울증 의심률, 자살 생각이 다인 가구에 비해 높게 나타났다. 따라서 이제 1인 가구의 소비력 증가, 시장 확대 등 경제적 이슈들뿐 아니라 여러 취약점들과 이들을 위한 공공정책의 고민도 필요한 시점이다.

1인 가구의 증가는 경제 · 사회 · 문화 · 정치 등 다양한 측면에서 큰 변화를 가져오고 있다. 혼자 사는 사람들의 소비패턴은 2인 이상의 가구들과는 판이하다. 이에 따라 1인 가구 시장이 확대되면서 나타나는 다양한 양상을 분석해 차별화된 1이코노미 비즈니스 전략을 도출해야 할 것이다.

이 책에서는 1인 가구가 증가하면서 나타나는 다양한 사회 · 문화 · 경제 · 정치적 현상과 사례를 살펴보고, 그 원인을 진단해봄으로써 이에 대비할 수 있는 개인과 사회, 기업의 전략에 어떤 것들이 있는지 생각해보고자 한다.

02

1코노미 심리학

인간관계에 있어서 친밀감을 원하면서도 동시에 적당한 거리를 두고 싶어하는 욕구가 공존한다. 인간관계에서 애착 형성이 쉽지 않은 것이다. 나홀로족은 인간관계를 맺는 것을 피곤해하며, 타인과의 적당한 심리적 거리를 유지하는 것도 힘들어한다.

관계의 권태기,
관태기의 시대

인간관계에 지치고 두려워하는 사람들이 늘면서 '관계권태기', 줄여서 '관태기'라는 신조어가 생겨났다. 나도 관태기일까? 「서울신문」에 기재되었던 관태기 테스트를 한번 해보자.

관태기 테스트

1. 연락처에 등록된 지인 중 편하게 연락할 수 있는 사람이 7.9% 미만이다(100명 기준 8명).
2. 처음 만났거나 그렇게 친하지 않은 사람들과의 만남을 의도적으로 피한 적이 있다.
3. 혼자 있는 시간을 스스로 선택하며 혼자 시간을 보낼 때 편안함과 만족스러움을 느낀다. 예) '혼밥(혼자 먹는 밥)'을 즐긴다.
4. 사람을 만나더라도 3명 이하로 만나는 게 좋다.

자료: 서울신문

4가지 질문에 모두 '그렇다'고 답했다면 관태기에 빠졌을 가능성이 높다. 관태기에 빠진 현대인들의 모습은 남극형증후군과 유사하다. 남극형증후군은 남극과 같이 극한 상황에서 다수의 사람들과 밀집해 지내다 보면 서로 스트레스를 받고 짜증을 내거나 폭력적으로 변하는

인간관계 스트레스 관련 신조어	
관태기	관계 + 권태기 = 관계에 권태기를 느낀다.
아싸족	아웃사이더 부류를 칭하는 용어로, 자신이 속한 집단에서 사람을 사귀지 않고 혼자 생활하는 사람을 말한다.
인싸	해당 집단 내에서 활발한 활동으로 모든 자리에 적극적으로 참여하고 주도하는 인사이더다.
인간알레르기	관태기 증상의 극단적인 단면. 사람만 봐도 알레르기가 난다는 신조어다. 관계 형성과 유지에 큰 스트레를 받는 경우다.
일태기	본인의 커리어와 일에 질리게 된 현상을 뜻한다.
인태기	인생권태기.
노잼시기	모든 것이 재미없어지는 상태로, 극도의 무기력에 도달했을 때를 말한다.
혼–	혼술, 혼맥, 혼밥, 혼노, 혼놀 등 혼자서 즐겨하는 무언가를 말한다.

것을 의미한다. 현대 사회의 밀집된 인간관계에서 오는 관태기도 이런 남극형증후군의 증상과 유사하다.

관태기에 빠져 있는 사람들은 무엇보다 혼자만의 시간과 공간을 필요로 한다. 인간관계에서 오는 스트레스가 심화함에 따라 혼자만의 시간을 갖는 휴식을 통해 재충전할 필요가 생긴 것이다. 최근 '관태기'와 같이 인간관계에서 오는 스트레스와 관련된 신조어가 많아지고 있다.

관태기는 무엇보다 다른 사람의 시선과 인정에 지나치게 집착하기 때문에 나타나는 현상이다. 우리나라 사람들은 유난히 타인의 눈을 의식하고 다른 사람에게 관심이 많다. 다른 사람들이 어떤 옷을 입고, 무슨 차를 타며, 어느 학교를 나왔는지에 대해서 궁금해한다. 그러다 보니 사회에서 요구하는 정답을 따라 살아가는 이른바 '정답사회'라는 말이 나오기도 했다.

정답사회
대한민국

'정답사회'란 세상을 살아가는 데 있어서 마치 정답이 존재하는 것처럼 행동하고 사고하는 것을 말한다. 웹툰 〈정답사회〉는 우리 사회의

조이라이드 웹툰 〈정답사회〉

비교의식, 관계지향성, 체면 중시의 태도를 잘 보여준다.

관태기 현상이 건강한 개인주의로 가는 일종의 과도기적 현상이라고 지적하는 학자도 있다. 기시미 이치로(岸見一郎)의 『미움받을 용기』 열풍 역시 건강한 개인주의를 역설한다. 기시미는 "어떤 종류의 고민이든 반드시 타인과의 관계가 얽혀 있다. 행복해지기 위해서는 인간관계로부터 자유로워져야 한다."고 강조한다.

이제 사람들에게는 혼자서도 잘 지낼 수 있는 힘이 무엇보다 중요해졌다. 일본에서는 혼자 잘 지낼 힘을 '고독력(孤獨力)'이라고 부른다. 일본의 철학자 사이토 다카시(齋藤 孝)는 "누구에게나 혼자 있는 시간이 필요하다. 중요한 순간일수록 혼자가 돼라. 혼자 있는 시간이 나를 더욱 단단하게 만든다."고 했다. 또한 그는 저서 『혼자 있는 시간의 힘』에서 "남의 인정에 기대지 말고 자신에게 집중하라."고 조언한다.

미국의 작가 메이 사튼May Sarton의 에세이집 『혼자 산다는 것』에는 다음과 같은 구절이 나온다.

"몇 주 만인가. 겨우 혼자가 될 수 있었다. 기묘할지도 모르겠지만 내게 있어서는 지금 일어나고 있는 일이나, 이미 일어난 일의 의미를 찾고 발견하는 혼자만의 시간을 갖지 않는 한, 친구뿐만 아니라 정열을 걸고 사랑하는 애인조차도 진짜 생활이 아니다."

관태기를 극복하고 진정한 고독력을 기르는 방법은 타인의 인정과 시선에서 자유로워지고, 자신에게 집중하며 의미를 찾는 시간을 갖는 것이다. 무엇보다 고독력을 키워 건강한 개인주의로 승화시키는 것이 중요하다.

Z세대의
개인주의

이제 생활의 중심은 나의 집my home에서 나의 방my room을 넘어 나의 휴대폰my phone으로 옮아가고 있다. 거실의 죽음이라고 지칭될 만큼 집에 돌아온 가족들 사이에서 대화가 점점 사라진다. 집으로 돌아오면 각자의 휴대폰만 들여다본다. 이제 휴대폰이 모든 생활의 중심이 된 것이다.

모모세대(more+mobile을 의미하는 신조어)로 일컬어지는 'Z세대'는 모바일 중심의 라이프스타일에 익숙하다. 이들은 무려 다섯 개 화면(TV, 휴대폰, 랩톱, 데스크톱, 태블릿 PC)의 멀티태스킹이 가능하다. 또한 이마골로기image+ideology의 시대에 이미지로 소통하는 세대다. 이들은 콘텐츠를 공유하는 데 만족하지 않고, 이를 제작하고 생산하는 콘텐츠 크리에이터의 기능까지 수행한다. 개인주의로 무장한 Z세대는 1코노미 시대의 주인공이다.

Z세대와 밀레니얼세대 비교	
Z세대	밀레니얼세대
5개 기기(화면) 멀티 태스킹	2개 기기(화면) 멀티 태스킹
이미지로 소통	텍스트로 소통
콘텐츠 제작	콘텐츠 공유
현실적이며 미래지향적	낙관적이며 현실에 집중
배타적 집단 내 공유 및 유대	광범위한 공유와 협동

자료: Sparks & Honey, 뉴욕무역관

고슴도치
딜레마

"저는 친구 사귀기를 피하는 것은 아니에요. 다만 그 때문에 상처받기 싫을 뿐이지요."

일찍이 독일의 철학자 쇼펜하우어Schopenhauer는 고슴도치 딜레마를 역설했다.

추운 겨울날, 몇 마리의 고슴도치가 모여 있었는데 가까이 다가갈수록 각자의 바늘이 서로를 찔러 결국 떨어질 수밖에 없었다. 서로의 가시에 찔리는 아픔을 반복 경험한 고슴도치들은 최소한의 간격을 두는 것이 서로에게 가장 좋은 방법이라는 것을 발견했다. 인간도 필요에 따라 관계를 맺지만 각자가 가진 가시투성이의 본성이 서로에게 상처를 입힌다. 그래서 적절한 거리를 유지하기 위해 적당한 거리의 '예의'를 찾아냈다. 예의로 인해 서로의 온기는 적당히 느끼면서도 가시에 찔릴 일은 없게 된 것이다. 실제로 고슴도치들은 바늘이 없는 머리를 맞대 체온을 유지하거나 잠을 잔다고 한다. 여러 번의 시행착오를 통해 최선의 방법을 찾아낸 것이다.

이것은 인간관계에 있어서 친밀감을 원하면서도 동시에 적당한 거리를 두고 싶어 하는 욕구가 공존하는 모순적인 심리상태를 말한다. 무엇보다 인간관계에서 애착의 형성이 쉽지 않다는 것이다. 나홀로족은 인간관계를 맺는 것 자체를 두려워하며, 타인과의 적당한 심리적 거리를 유지하는 것도 힘들어한다. 결국 상처를 입더라도 다가갈

자료: 이동귀, 『너 이런 심리법칙 알아?』 (2016)

고슴도치 딜레마

것인가, 두려움에 혼자 외로워할 것인가를 사이에 두고 심적으로 갈등한다. 그래서 고슴도치 딜레마는 타인에게 다가가기 힘든 두려움을 대변하는 용어로 사용되기도 한다. 남에게 상처를 주기도, 받기도 싫어 스스로를 고립시키는 서툴고 외로운 고슴도치들이 늘고 있다.

위 그림은 고슴도치 딜레마 상황에 있는 이들의 모습을 흥미롭게 묘사한다.

Z세대는 관태기와 고슴도치 딜레마 사이에서 미묘한 양가감정 Ambivalence *을 느낀다. 사람들은 홀로 있기를 바라는 동시에 혼자되는 것에 대한 공포심이 있다. 근대 심리학의 창시자로 평가받는 미국의 심리학자 윌리엄 제임스William James는 저서 『심리학의 원리』에서 "방 안

---

* 프로이트는 일찍이 인간에게는 사랑과 미움, 즉 애증이라는 상호 모순된 감정이 동시에 존재한다고 보았다. 이를 동일한 대상으로부터 상반되고 모순된 감정이 동시에 나온다는 점에서 양가성 또는 양가감정이라고 지칭한다.

에 들어가도 아무도 고개를 돌리지 않고, 말을 해도 대꾸도 안 하고, 무슨 짓을 해도 신경 쓰지 않고, 만나는 모든 사람이 죽은 사람 취급을 하거나 존재하지 않는 물건을 상대하듯 한다면, 머지않아 울화와 무력한 절망감을 견디지 못해 차라리 잔인한 고문을 당하는 쪽이 낫다는 생각이 들 것이다."라며 사회구성원으로부터 완전한 무시를 당하는 것이 얼마나 잔인한 일인지 설명했다.

Z세대는 관태기를 느끼는 대표적인 세대이지만 역설적으로 SNS에서 포모FOMO, Fear Of Missing Out ** 증상으로 어려움을 겪는 세대이기도 하다. 그들은 소셜미디어 공간에서 소외와 고립에 대한 공포심을 보인다. 그들은 관태기를 느끼면서도 역설적으로 SNS에서의 소외와 고립의 공포라는 양가감정을 동시에 갖고 있다. 그래서 Z세대는 혼밥을 하면서도 이 모습을 스스로 찍어 SNS에 올린 뒤 '좋아요'를 기다린다. 결국 다른 사람들과의 관계의 끈은 놓고 싶지 않은 것이다. 관계로부터 스트레스를 받지만 관계에 대한 열망은 여전히 남아 있는 상태, 즉 관계의 역설이다.

** 포모가 질병으로 주목받게 된 것은 2004년경 미국과 영국에서 성인의 과반수가 포모로 괴로워한다는 통계가 나오면서다. 포모증후군은 휴대전화가 손에 없으면 허전하고 불안하며 SNS를 하지 않으면 남들보다 뒤처진다는 생각이 들고, SNS 속 인맥관리에 신경을 많이 쓸 뿐 아니라 유명인이나 인기 있는 사람과 최대한 친구를 맺고 소식을 공유하기 위해 집착하는 모습을 보이는 것을 말한다.

관태기의
역설

앞서 이야기했듯 관계권태기를 겪고 있는 1코노미의 나홀로족은 다른 사람들과 지나치게 가까운 거리에 있고 싶지는 않지만 타인과의 유대와 거기서 오는 온기는 그대로 느끼고 싶은 고슴도치 딜레마 상황에 직면해 있다. 혼자만의 시간과 공간을 가지면서도 동시에 타인과의 인간관계의 끈은 놓고 싶지 않은 심리다.

그래서 이들은 게임을 하다가 새해 아침이 밝으면 일출을 보기 위해 밖으로 나가는 대신, 게임상의 좌표에서 바다로 일출을 보러 간다. 게임 속 시간은 현실의 시간과 일치한다. 그렇게 게임 공간에서 뜨는 해를 보면서 게임 채팅창을 통해 서로 새해 인사를 나눈다.

자료: facebook.com/shyounggin

게임공간에서 새해 일출 구경

우리에게는 몇 명의
친구가 필요할까?

이런 피상적 관계 맺기를 위한 노력은 진정 의미 있는 것일까? '던바의 법칙Dunbar's number'에 의하면 온라인에서 맺는 피상적 인간관계는 인생에서 큰 의미가 없을 가능성이 높다. 이 법칙은 영국의 문화인류학자이자 옥스퍼드대학교 교수 로빈 던바Robin Dunbar의 책『우리에게는 얼마나 많은 친구가 필요한가How many friends does one person need?』에 등장한다.

던바의 연구에 따르면 아무리 친화력이 뛰어난 사람이라도 진정으로 사회적 관계를 맺을 수 있는 최대한의 인원은 150명이라고 한다. 던바는 전 세계 원시부족 형태의 마을 구성원 수가 평균 150명 안팎이라는 사실을 근거로 이 이론을 주장했다. 던바의 연구에 따르면 SNS 친구가 1,000명이 넘는 사용자라고 해도 정기적으로 연락하는 사람은 150명 정도이며, 이 중에서도 끈끈한 관계를 유지하는 사람은 겨우 15명도 되지 않았다. 우리가 친구의 수에 그토록 집착했던 것이 별로 쓸모없을 수도 있다는 것을 잘 보여주는 이론이다.

SNS 친구가 진짜 친구를 대신할 수 없다는 던바의 법칙은 인간에게는 관계의 양보다 질이 훨씬 중요하다는 통찰로 이어진다.

이 법칙에 의하면 사람이 매우 곤란한 상황에서 도움을 청할 수 있는 지인은 3~5명 정도라고 한다. 이 인원은 모든 관계에서 가장 핵심적인 사람들이다. 그다음으로 중요한 지인들은 12~15명 정도다. 사회심리학자들은 12~15명 규모의 친한 사람들을 가리켜 '공감 집단'이라고 칭한다. 공감 집단에서는 그중 누군가가 사망하는 등의 변고가 생기면 거의 정신을 잃을 정도로 상심하게 되는 관계다. 예수의 제자들, 배심원단, 야구와 축구 같은 주요 스포츠팀의 구성이 이 범위에서 만들어졌다. 이를 '던바의 수'라고도 한다. 던바의 수에 따르면, 보통 사람들에게 완전 절친한 친구는 5명, 절친한 친구는 15명, 좋은 친구는 35명, 일반 친구는 150명 정도라고 한다. 그 이상의 숫자는 그저 아는 사람 정도에 불과하다는 것이다.

우리가 마음을 열 수 있는 친구의 숫자가 제한돼 있다는 것은 경제학적 분석을 통해서도 확인된다. 뱁슨대학Babson College의 경영학자 토머스 데이븐포트Thomas Davenport는 그의 책 『관심의 경제학』에서 유한한 자원이자 화폐로서의 관심을 분석했다. 정보기술이 발달하면서 정보 수용자들에 대한 정보공급량은 크게 늘어났지만 그 수용자인 사람의 관심은 정보량의 증가만큼 늘어나지 않는다는 것이다. 정보공급이 늘어날수록 관심자원 부족 현상은 심화된다. SNS에서 관심받기를 원하는 친구들이 늘어날수록 제한된 관심자원의 부족 현상은 더욱 심화되고 이는 관계의 질적 저하로 이어진다는 것이다.

SNS에서 다른 사람들의 관심에 목말라 있는 이들을 가리키는 '관심종자(관종)'라는 신조어가 등장하기도 했다. 뿐만 아니라 타인의 인정과 시선에 지나치게 의존하는 '타아도취'라는 신조어도 등장했다. 솔로 문화 전문 잡지 싱글리스트Single List는 10가지 문항으로 구성된 '관종 체크리스트'까지 제시했다. 이 중에서 5개 이상이면 타인의 관심에 지나치게 중독돼 있을 가능성이 있다. 타인의 관심에 중독되어

던바의 수

완전 절친 ● 절친 ● 좋은 친구 ● 친구 ● 아는 사람 ● 알 것도 같은 사람

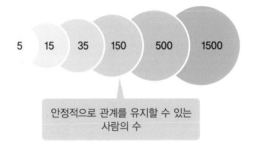

5　15　35　150　500　1500

안정적으로 관계를 유지할 수 있는
사람의 수

있는 사람은 자신의 정체성을 타인의 시선에 의해 규정 지으려는 거울 자아Looking Glass Self가 지나치게 발달해 있을 가능성이 높다.

거울 자아 이론은 사회학자 쿨리Cooley가 창안한 것으로, 우리 자신이 스스로의 생김새를 거울을 통해 확인하듯, 자기 정체성을 다른 사람들의 반응에 의해 파악하는 것을 말한다. 거울 자아 이론에서는 자아 개념이 타인들이 자신을 어떻게 생각하고 평가하느냐에 따라 결정된다. '타인의 시선이라는 거울에 비친 자아'라는 의미에서 거울 자아 이론으로 명명된 것이다. SNS에서 타아도취에 빠진 '관종'이라고 불리는 사람들도 결국 거울 자아에 지나치게 집착한 결과일 가능성이 높다.

SNS가 발달하고 다양한 사람들과 소통할 수 있게 됐지만 이것이 오히려 관계의 피상화로 이어지는 역설적 현상을 만들고 있다. 즉 나

관종 체크리스트

1. SNS 게시글에 '좋아요'나 '댓글'이 없으면 불안하다.
2. 자신의 노출 모습이나, 성적으로 자극적인 사진의 게재가 빈번하다.
3. 나의 희로애락, 시시각각 변화하는 감정을 SNS에 드러낸다.
4. 타인을 의식해 보정하지 않은 본인 사진은 절대 게재하지 않는다.
5. 사람들의 반응을 얻기 위해 거짓된 일상을 올린 적이 있다.
6. '나' 자신을 3인칭화한 주어를 쓴 적이 있다.
   예) '오늘 유나는 너무 기분이가 나빠써요ㅠㅠ', '으앙 오랜만에 셀카 ^^ 유나 사진에 좋아요를 눌러주세요 ^0^'
7. 환경 변화에 민감하거나 타인의 말에 상처받는 성향을 널리 알린다.
8. SNS에 친구로 등록된 사람들과 대체로 친하다고 생각한다.
9. SNS에 게시글을 매주 7개 이상 올린다.
10. 사람들에게 SNS 이용을 좀 줄이라는 얘길 들은 적이 있다.

자료: 싱글리스트

홀로족이 오프라인의 인간관계를 회피하고 온라인의 인간관계에 만족해 피상적 관계 맺기에만 집착한다면 인생에서 정말 중요한 것을 놓칠 수도 있다는 것이다.

이 시대의
나르키소스 , '자뻑'

젊은 싱글족과 나르시시즘Narcissism의 상관관계에 대해서도 생각해보아야 한다. 나르시시즘은 자기애적 성향을 가리킨다. 자신의 모습에 매혹되어 깊은 물속에 뛰어들어 죽음을 맞이했다는 소위 '자뻑'의 원조 나르키소스Narcissus 신화가 현대에 와서 재현되고 있다.

부모는 자녀에게 투자하는 데 돈을 아끼지 않는다. 한 아이에게 투자되는 주머니가 여섯 개나 된다고 한다. 식스 포켓6-pocket은 엄마, 아빠, 할머니, 할아버지, 외할머니, 외할아버지, 이렇게 여섯 개의 주머니를 가리킨다. 그런데 이제는 이것도 모자라 에잇 포켓8-pocket, 텐 포켓10-pocket이란 신조어가 등장하고 있다. 아직 미혼인 이모, 고모, 삼촌 등의 주머니까지 가세하게 된 것이다. 이렇게 가족의 관심과 애정을 한 몸에 받고 자란 아이들은 자기애적 성향이 강해진다. 자기만의 공간을 보장받고 자라난 이 세대는 어쩌면 자기에게 좀 더 집중하고 몰입하는 현대적 나르키소스이기도 하다.

존 윌리엄 워터하우스의 〈에코와 나르키소스〉

또한 혼자 노는 것에 익숙한 세대다. 예전과 같이 골목길에서 친구들과 만나서 놀기보다는 온라인 게임을 통해 가상공간에서 친구를 만나는 것에 더 익숙하다. 이런 공간의 개념은 모바일 매체로 인해 더욱 축소되고 한정되고 있다. 이러한 세대가 다른 사람들과의 관계나 교류에 익숙지 않은 것은 어쩌면 당연한 일인지도 모른다.

CHAPTER

03

1코노미 신드롬

1인 가구는 나를 위한 소소한 사치를 즐긴다. 자신을 위해 소비와 투자를 아끼지 않는 것이다. 자신이 관심 있는 분야나 좋아하는 아이템에는 돈을 아끼지 않고 투자하는 가치 소비 성향이 두드러진다.

삼겹살 1인분의
자유, 혼밥

일본에서는 만화 『고독한 미식가』가 인기를 얻으면서 개인의 시간과 공간을 중요하게 생각하는 혼밥족이 크게 늘었다. 만화 『고독한 미식가』는 자영업을 하는 '이노가시라 고로'가 일하는 틈틈이 식당에 들러 혼자 밥을 먹는 모습을 그린 작품으로, 솔로 남녀들에게 커다란 공감을 이끌어냈다. 만화는 드라마로도 만들어져 인기를 끌었다. 드라마를 통해 소개된 식당에는 주인공의 이름을 따 '고로의 선택'이라는 메뉴가 추가됐고, 3개월 전에 예약을 해야 갈 수 있을 정도가 됐다. 게다가 드라마에 등장한 실제 가게들을 소개하는 『고로의 순례 가이드』가 책으로 출간되기도 했으니 그 인기를 알 만하다.

만화 『고독한 미식가』

일본에서는 일찍이 2011년에 독신 남성을 위한 식사도우미 와쇼쿠야(話食屋) 서비스가 등장했다. 이는 운전사 파견업체가 고안해낸 서비스로, 식사도우미가 직접 고객의 가정에 방문해 요리를 해주고 원하면 함께 밥을 먹으면서 대화를 나누기도 한다. 독신 남성이 증가

더 이상 혼자 밥 먹는 걸 창피해하지 마세요. 혼밥티셔츠

시선차단용 기능성 티셔츠와 혼갈리안4 티셔츠

혼밥티 크라우드 펀딩 안내

스토리	커뮤니티 433	환불 및 교환

'젊은 학생이 왜 혼자 먹어?'

혼자라서 들었습니다. 혼자서 밥을 먹으면 안 되는 걸까요?

아니요. 혼자 밥을 먹는다는 사회적 인식을 개선해야 합니다.

많은 사람들이 식당에 가서 혼자 밥 먹는 걸 두려워합니다.

사회적 인식이 바뀌어 누구나 뷔페와 고깃집에 가서 1인분을 시킬 수 있는

사회가 되어야 합니다.

혼밥의 시작, 혼밥티와 같이 시작하세요. 이제 두려워서 바쁜 척하며 편의점에서

한 끼 때우지 마세요. 시켜 먹지 마세요.

당신은 혼밥티와 함께라면 더 이상 혼자가 아닙니다.

혼밥티, 사회적 인식을 바꾸기 위해 텀블벅을 합니다.

자료: www.tumblbug.com/honbob

하는 것에 주목해 혼자 식사하는 외로운 남자들을 위한 새로운 개념의 서비스로, 외로움을 수익화시킨 비즈니스 모델이다.

우리나라에도 '혼밥' 신드롬이 불고 있다. 혼밥 자체가 유행이 됨과 동시에 문화콘텐츠로 활용되기도 한다. 2016년에는 아마추어 카툰 만화작가인 '카광'이 혼밥 캐릭터를 만들고 티셔츠까지 제작해 크라우드 펀딩으로 판매하기도 했다.

사실 작가는 재미 삼아 처음 티셔츠를 제작하면서 20장 정도 팔면 좋겠다는 생각이었는데 주문이 몰려들었다. 결국 목표 금액이 40만 원이었던 크라우드 펀딩은 무려 6,414퍼센트(2,565만 원)를 달성하며 놀라운 성공을 거뒀다.

편의점 문학의
등장

"자다 깨다를 반복하는 컵라면과 라이터, 담배와 일회용 면도기, 칫솔에 양말, 검정봉지에 진공 포장된 어둠 몇 숟갈이 눈을 깜빡거립니다. (중략) 야간작업을 마친 이들이 이빨에 낀 어둠찌꺼기들을 이쑤시개로 걷어냅니다." – 시집 『아침햇빛편의점』 중에서

편의점은 1인 가구가 사는 현대 사회를 가장 잘 보여주는 소매 공간이다. 지친 도시인들에게 오아시스이자 현대인의 일상 소비의례

편의점 문학들: 『편의점 가는 기분』, 『달밤의 제주는 즐거워』, 『편의점 인간』(왼쪽부터)

consumption ritual가 펼쳐지는 공간이기도 하다. TV에서는 편의점을 소재로 한 드라마, 예능 프로그램 등이 많은 이들의 공감을 얻고 있다. tvN은 〈편의점을 털어라〉를 통해 먹방, 쿡방의 장르를 확장하며 시청자들에게 공감을 이끌어냈다.

박영란의 장편 소설 『편의점 가는 기분』은 주인공 소년이 도시 변두리 원룸가의 24시 편의점에서 아르바이트를 하며 만난 사람들의 다양한 삶을 보여주는 소설이다. 소설가 차영민은 제주에서 실제로 편의점 아르바이트를 하면서 에세이 『달밤의 제주는 즐거워』를 펴내기도 했다.

이 에세이는 편의점 아르바이트생의 애환, 야간 편의점을 찾는 취객 등 그곳에서 벌어지는 다양한 손님들의 생생한 이야기를 담아냈다. 김경해의 소설 『공항철도 편의점』에서는 동시대를 살아가는 젊은 이들의 방황과 고뇌를 진솔하게 이야기하고 있다. 한편 일본에서는 무라타 사야카(村田沙耶香)의 『편의점 인간』이 일본 순수문학 최고의 영예인 아쿠타가와상을 수상하기도 했다. 대학을 졸업한 뒤 취업하지 않고 18년째 편의점에서 일하고 있는 작가가 실제 모델이라는 점은 더욱 놀랍다. 실제로 최근 신춘문예에 투고되는 작품 중에도 편의점을 소재로 한 것들이 많아지고 있다. 편의점은 규모가 작고 개인화된 공간이기에 1인 가구 시대를 살아가는 동시대 독자들에게 큰 공감을 얻고 있는 것이다.

판타지 장르가 주를 이루던 웹소설에서도 편의점을 소재로 한 작품이 인기다. 〈편의점의 소드마스터〉는 지난해 중순부터 말까지 웹소설 플랫폼에 연재되면서 19만 7,333회의 조회수를 기록할 정도로 인기를 끌었다. 판타지적 요소를 가미한 이 소설은 편의점 아르바이트생의 이야기를 다룬다.

이 소설은 이계(異界)인 아르티니아 대륙에서 마족과의 전쟁을 치르고 지구로 귀환한 20대 청년의 이야기를 담고 있다. 애석하게도 이 청년은 깊은 불황에 빠진 대한민국에서 정규직 일자리를 구하지 못해 편의점 아르바이트생으로 일하게 된다. 그럼에도 불구하고 취직 후 열심히 일을 하며 자신의 본분인 몬스터 퇴치에도 최선을 다한다는 이야기다.

저료: tvN, MBC, SBS

싱글 라이프 TV 프로그램: tvN 드라마 〈혼술남녀〉, MBC 〈나 혼자 산다〉, SBS 〈미운 우리 새끼〉(위부터 시계방향으로)

드라마와 예능도
싱글족이 주인공

1인 가구가 많아지면서 싱글족의 라이프스타일을 보여주는 예능 프로그램도 인기를 모으고 있다. 대표적으로 MBC 〈나 혼자 산다〉와 SBS 〈미운 우리 새끼〉는 혼자 사는 유명 연예인들의 일상을 보여준다. 혼자 사는 사람들의 모습을 가감 없이 보여주면서 시청자들의 많은 공감을 이끌어내고 있다. 또한 tvN의 〈내 귀에 캔디〉도 관계의 욕구와 서로의 외로움을 공감하는 내용이다. 1인 가구가 느낄 수 있는 관계의 결핍을 익명성 안에서 생각해볼 수 있다.

1인 가구 중에서도 돌싱족(돌아온 싱글)이나 졸혼(卒婚, 결혼을 졸업하다) 등을 다루는 프로그램이 쏟아져 나오고 있다. KBS 〈살림하는 남자들 시즌2〉 출연진인 배우 백일섭은 졸혼 사실을 고백해 화제를 모았다. MBN은 스타부부가 졸혼을 체험해보는 프로그램인 〈따로 또 같이 부부 라이프―졸혼수업〉을 방영하고 있다. 이들은 모두 결혼의 굴레에서 벗어나 자유로운 싱글 라이프를 즐겨보고 싶은 사람들의 열망을 반영하면서 인기를 얻고 있다.

포미족의
작은 사치

1인 가구는 나를 위한 소소한 사치를 즐긴다. 자신을 위해 소비와 투자를 아끼지 않는 것이다. 2011년 통계청 자료에 의하면 1인 가구의 월평균 소비지출액은 95만 원에 달했다. 그런데 2인 가구에서는 1인당 월평균 소비지출액이 73만 원에 불과했다. 실제로 1인 가구에서는 자신이 관심 있는 분야나 좋아하는 아이템에는 돈을 아끼지 않고 투자하는 가치 소비 성향이 두드러진다. 특히 여행이나 외식 등의 체험소비에 더욱 적극적인 경향을 보인다. 대한상공회의소 조사 결과,

자기지향성이 강한 젊은 계층의 1인 가구는 '여행(41.6%)', '자기계발 (36.0%)', '레저 · 여가(32.8%)', '건강(32.0%)', '취미(26.0%)' 등의 순으로 지출 의지가 큰 것으로 나타났다.

나홀로족은 자기 자신에게 선물하는 것을 좋아한다. 자기선물주기 self-gift giving를 통해 스스로를 위로하고 재충전하려는 것이다. 이른바 포미For Me* 족은 자신을 위한 선물, 자기를 위한 작은 사치를 마다하지 않는다. 생활용품이나 생필품 등은 100그램당 1원이라도 저렴한 가격에 구매하고자 하지만 자신이 관심 있거나 좋아하는 상품에는 돈을 아끼지 않고 투자한다. 밥값보다 훨씬 가격이 높은 디저트를 사먹고, 자신이 좋아하는 피규어나 프라모델에는 돈을 아끼지 않고 지출하는 것이다.

「대학내일」의 블로그 중 '나를 위한 작은 사치, A small good thing 8'에서는 대학생들의 다양한 작은 사치들을 엿볼 수 있다. 학생들은 주머니 사정이 넉넉지 않지만 미용실에 가서 뿌리염색을 하는 데 5만 원을 쓰고, 네일아트를 받으며, 10만 원씩 게임 현질(온라인게임의 아이템을 현금을 주고 사는 것)을 하며 수고한 자신에게 상을 준다.

---

* 건강(For health), 싱글족(One), 여가(Recreation), 편의(More convenient), 고가(Expensive) 의 알파벳 앞글자를 따서 만든 신조어로, 자신이 가치를 두는 제품은 다소 비싸더라도 과감히 투자하는 소비 행태를 일컫는다. 포미족은 개인별로 가치를 두는 제품에 과감한 투자를 아끼지 않는 사람들을 말한다.

가성비 갑(甲),
립스틱 효과와 탕진잼

립스틱 효과lipstick effect는 불황이 깊어질수록 여성들의 입술은 붉어지는 현상이다. 1930년대 미국 대공황 시절에 산업별 매출 통계를 분석했는데, 경제가 어려운데도 불구하고 립스틱 매출은 오르는 기현상이 확인돼 경제학자들이 붙인 용어다. 사람들은 경기불황을 느끼면 가장 먼저 사치품이라 생각되는 소비지출을 줄이는데, 수십만 원의 값비싼 화장품 아이템은 줄이지만 상대적으로 화려하며 눈에 띄는 큰 변화를 줄 수 있는 저가 아이템 '립스틱' 매출은 증가 추세를 보인다는 것이다.

이처럼 불황기에는 저렴하면서도 높은 만족도를 줄 수 있는 상품이 대중의 위축된 소비욕구를 대리만족시키는 역할을 한다. 경기가 어렵다고 소비욕구가 사라지는 것은 아니다. 따라서 경기가 불황일 때는 저비용 고효용, 즉 가성비 중심의 소비를 한다. 실제로 화장품 회사 에스티로더Estee Lauder는 립스틱 판매량과 경기의 상관관계를 보여주는 립스틱지수 만들었다. 이에 따르면, 2001년 9.11테러 후에 미국에서 립스틱 판매량이 급증했고, 2008년 세계금융위기 당시에도 립스틱 매출이 크게 늘었다.

'탕진잼'이라고 불리는 소비행태는 우리나라에서 나타나는 새로운 유형의 립스틱 효과다. 탕진잼이란 '소소하게 탕진하는 재미가 있다'는 말을 줄인 것이다. 탕진잼은 큰 지출로 만족을 느끼는 것이 아닌,

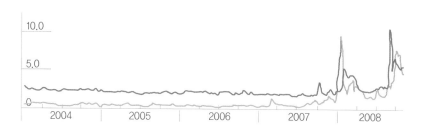

자료: www.trendsspotting.com

불황 속 작은 재미로 만족을 찾는 소비자들의 모습을 잘 보여준다.

「한국일보」 기사에 소개된 한 취업준비생은 아르바이트를 마치고 팬시점에 들러 뭐라도 사는 것으로서 하루를 마감한다고 고백했다. 이 모습에서 우리는 탕진잼 소비 심리를 엿볼 수 있다.

> 아무리 피곤해도 천근만근인 몸을 이끌고 쇼핑노동을 반드시 해야 하는 이유는 심심하고 헛헛하기 때문. 주로 사는 것은 스티커나 마스킹 테이프, 공병 용기처럼 자질구레한 문구 내지 생활용품들이다. 세밀하게 잘 써지는 하이테크 펜도 형광 연두색이나 연한 분홍색처럼 실용성 떨어지는 것들까지 두루 '컬렉션' 하고 있다. 본인은 "쓸모도 없는 것들을 막 샀다"고 표현하지만, 사실 이 쇼핑노동은 그에게 하루를 마감하는 중요한 제의다. "취미생활요? 아르바이트 끝내고 나면 파김치라 엄두도 못 내요."

사람들은 '불안 · 불만 · 불황'이라는 3불 시대에 저렴한 아이템들을 다량으로 구입하며 스트레스를 해소한다. 고용불안이 상시화되고 열심히 저축해 내 집을 마련하는 꿈마저 요원해졌다. 계급 사다리도 멀어지는 현실 속에서 당장 현재의 즐거움을 추구하는 것이다. 소비자들은 눈앞의 작은 마시멜로를 탐미하듯이 지금의 달콤한 맛을 소소하게 맛보려 한다. 「머니S」에 실린 일화를 살펴보자.

> 카페 알바생 김수진(26) 씨는 일을 마치고 집에 가는 길에 꼭 다이소를 방문한다. 필요한 품목이 없더라도 매장을 한 바퀴 돌아 바구니 가득 물건을 담는다. 화장솜, 휴대폰 클리너, 휴대용 거울 등 소소하게 물건을 집다 보면 3만 원이 훌쩍 넘어간다. 하루 알바비의 대부분을 소진하는 셈이다.

인스타그램에 '탕진잼'을 검색하면 수천 개가 넘는 게시물이 뜬다.

자료: 다이소, 케이튼

탕진잼 소비

현이씨 웹툰〈즐거우리 우리네 인생〉

탕진잼의 결과인 '텅장(텅빈 통장)'을 검색해도 수많은 게시물이 뜬다. 탕진이라는 단어를 떠올리면 보통 명품이나 가방, 옷, 신발, 보석 같은 사치품을 연상할 수도 있다. 하지만 탕진잼은 이런 것들이 아니라 립밤, 핸드로션, 헤어용품 같은 소소한 미용용품이나 텀블러, 머그컵 같은 생활용품을 사는 것이다.

탕진잼과 관련해 SNS에는 다양한 게시글이 올라온다. 누군가 "역시 탕진잼이 최고. 오늘의 탕진템 떼샷" 이렇게 올리면 "잘하셨어요." "득템하셨네요. 내일부터 무지출하시면 되죠." 같은 댓글이 달린다. 하지만 중요한 건 '탕진템'은 소소한 생활용품이어야 한다는 것이다. 값비싼 명품 핸드백이나 유명 브랜드의 목걸이와 반지 세트를 사서 SNS에 올리고 '탕진잼'이라고 한다면 악성댓글을 피하기 어려울 것이다. 탕진잼이라는 단어에서 '탕진'에는 적은 액수의 돈을 실컷 쓴다는 의미를 담고 있다. 단어 자체가 모순인 셈이다. 단돈 몇 만 원의 돈을 탕진한다는 것은 상식적으로 가능하지 않지만, 주머니 사정이 빈약한 청년들에게는 이게 얼마든지 가능한 유희다. 소소하게 낭비하면서 극적으로 과장하는 행위가 바로 탕진잼인 것이다.

탕진잼과 유사한 소비현상으로 '호핑족'이라는 신(新)소비족도 주목할 필요가 있다. '호핑족'은 '깡총깡총 움직인다hop'는 뜻에서 단일 브랜드나 제품을 고집하지 않고, 입소문을 탄 다양한 제품을 체험하기 위해 빠르게 브랜드나 제품을 갈아타는 소비자를 뜻한다. 트렌드 변화에 민감하게 반응하며 여러 제품을 다양하게 사용하려는 것이다. 이러한 영향으로 유통업계에서는 소(小)용량 · 소(小)포장 제품이 인기몰이를 하고 있다. 이들은 대용량 제품보다는 '테스터' 성격의 소용량·소포장 제품을 구매해 제품 사용 기간이 짧은 것이 특징이다. 다양한 제품을 소소하게 즐기고자 하는 심리가 반영된 것이다.

탕진잼 소비현상에 편승해 최근에는 인형뽑기 열풍이 불고 있다. 인형뽑기 역시 적은 비용을 투자하면서 소소한 재미를 추구하는 탕진잼 현상의 일환으로 해석된다. 인형뽑기를 해본 사람은 알겠지만 한번 시작하면 빠져나오기 힘든 중독성이 있어서 생각보다 많은 돈을 지출하게 된다. 비슷한 이유에서 '캡슐뽑기방(가차숍)'도 함께 인기를 얻고 있다. 캡슐뽑기방은 기계에 2,000원 정도 넣으면 장난감이 담긴 캡슐이 나오는데 자신이 원하는 제품이 나올 때까지 하다 용돈을 탕진했다는 사람들의 이야기를 심심찮게 들을 수 있다.

다음 소프트의 소셜매트릭스 분석을 통해 보면 탕진잼의 연관 검색어로 '인형뽑기'가 상위에 랭크됐다. 적은 돈으로 성취감을 얻고 생활 속의 소소한 활력소가 되는 탕진잼으로서의 인형 뽑기가 인기를 얻는 이유다. 불황 속에서 지친 마음을 달래고 소소한 재미를 추구하며 즐거움을 찾는 이런 소비심리는 힘든 현실에 대한 방증이기도 하다.

실제로 탕진을 하기 어려운 사람들에게서는 대리 탕진잼 현상도 나타난다. 다른 사람이 탕진하는 모습을 보면서 대리만족을 하는 것이다. 마치 어린아이들이 실제로 장난감을 사기 어려우니 장난감 언박싱unboxing(제품 개봉) 동영상을 보면서 대리만족을 하는 것과 같다.

광고기획사 이노션 월드와이드는 포털 사이트, 블로그, 카페, 커뮤니티 등에서 수집한 탕진잼과 관련한 약 6만 건의 SNS 빅데이터 분석을 통해 탕진잼 소비의 유형을 크게 다음과 같이 세 가지로 분석했다. 이노션의 분석에 의하면 탕진재머(탕진잼을 즐기는 소비자)는 가격 대비 성능을 따져 구매하는 '가성비파', 좋아하는 아이템을 수집, 소장하려는 '득템파', 기분에 따라 충동적으로 탕진하는 '기분파'로 나뉜다.

가성비파는 합리적인 가격대의 제품을 마음껏 구매함으로써 불황기를 극복하려는 심리를 담고 있다. 이들은 합리적 쇼핑을 통해 부자가 된 느낌을 받고 싶어 하며 생활의 즐거움과 가벼운 위로를 받기 원한다. 득템파는 피규어, 캐릭터, 굿즈 등을 구매, 수집하는 덕후(마니아) 취향을 가진 소비자들인 경우가 많다. 이들은 소위 '애정템'을 구매하기 위해 적극적으로 정보를 탐색하여 공동구매나 해외 직구를 하는 노력도 마다하지 않는다.

기분파는 우연히 충동적으로 가볍게 탕진잼을 즐긴다. 이들은 영화관에 갔다가 바로 옆의 코인노래방이나 인형뽑기방에 즉흥적으로 사로잡히는 소비행태를 보인다. 제품이 주는 편익보다는 소비행위를 통한 성취, 쾌감, 재미 등의 즐거운 기분을 체험하고자 한다. 이렇듯 탕진잼 소비에는 다양한 소비 트렌드가 담겨 있다. 불황기에 가성비를 추구하는 합리적인 소비심리와 함께, 자신의 취향을 열정적으로 표현하는 덕후 소비문화가 발현되고 있으며, 즐거운 감정 경험을 추구하는 체험 소비 지향 트렌드가 반영되고 있었다.

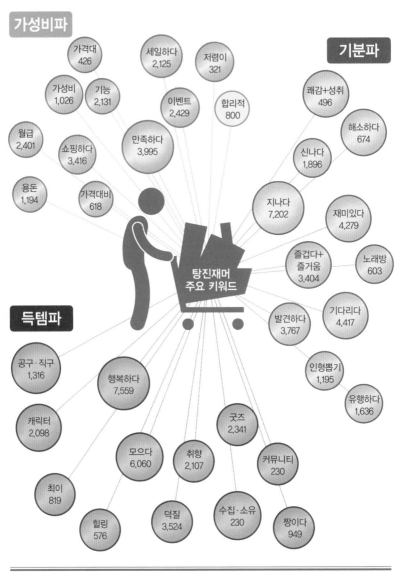

탕진잼 SNS 키워드 분석

가성비파
- 가격대 426
- 세일하다 2,125
- 저렴이 321
- 가성비 1,026
- 기능 2,131
- 이벤트 2,429
- 합리적 800
- 월급 2,401
- 쇼핑하다 3,416
- 만족하다 3,995
- 용돈 1,194
- 가격대비 618

기분파
- 쾌감+성취 496
- 해소하다 674
- 신나다 1,896
- 지나다 7,202
- 재미있다 4,279
- 즐겁다+즐거움 3,404
- 노래방 603
- 발견하다 3,767
- 기다리다 4,417
- 인형뽑기 1,195
- 유행하다 1,636

득템파
- 공구·직구 1,316
- 행복하다 7,559
- 캐릭터 2,098
- 굿즈 2,341
- 모으다 6,060
- 취향 2,107
- 커뮤니티 230
- 최이 819
- 힐링 576
- 덕질 3,524
- 수집·소유 230
- 짱이다 949

탕진재머 주요 키워드

자료: 한국일보

싱글 남녀의
스몰럭셔리 트렌드

'스몰럭셔리'란 고가의 외제차나 명품 옷 또는 가방에 목돈을 지출하기 어렵기 때문에, 상대적으로 작은 규모의 소비재나 프리미엄 식품을 구매해서 값비싼 제품을 소비하는 것과 유사한 만족감을 얻으려는 심리에서 비롯된다. 다음은 한 일간지에 게재된 서울에 사는 싱글 남성의 스몰럭셔리 소비 사례다.

> 서울 영등포구에 사는 직장인 전 모(33) 씨는 최근 신던 구두를 싹 바꿨다. 온라인 쇼핑몰에서 10만 원대 구두를 사서 쓰던 그는 이번엔 영국 노스햄튼 지역에서 장인들이 만든 구두를 샀다. 한 컬레에 60만 원대로 기존 구두보다 6배 이상 비싸다. 구두약은 최고급 소재로 만들었다는 프랑스산 제품으로, 구둣솔은 말털로 만들었다는 5만 원대 독일산 제품으로 바꿨다.

그들은 점심, 저녁 식사 비용은 아껴도 자기가 좋아하는 구두에 투자하는 비용은 아까워하지 않는다. 이렇게 작은 사치, 스몰럭셔리를 추구하는 싱글 남녀들이 많아지고 있다.

작은 사치 트렌드가 확산되면서 패션업계에서 잡화품목에 대한 꾸준한 성장이 이어지고 있다. 신세계백화점에 따르면 패션 부문에서는 2014~2015년 전체 매출이 줄어드는 반면에 잡화 부문은 2년 연

속 1.4퍼센트씩 성장했다. 작은 사치를 추구하는 소비자들이 상대적으로 부담이 적은 지갑 등의 잡화 품목 구매를 늘렸기 때문이다.

모방 소비,
'전이된 의미론'

왜 이렇게 작은 사치 트렌드가 부상하고 있는 것일까. 소비문화학자인 매크래켄McCracken의 '전이된 의미론displaced meaning'에서 그 이유를 찾을 수 있다. 예를 들어, 중산층이 부유층의 생활양식을 동경하고 모방하고자 할 때, 한정된 예산(돈) 때문에 모두 모방 소비하기에는 어려움이 있다. 따라서 값비싼 집, 자동차, 명품 의류, 보석 등 부유층 라이프스타일의 다양한 품목 중 구두, 지갑, 액세서리 등 조금 더 실현 가능한 현실적인 물건을 구매해서 소유하고자 하는 심리다. 이때 특정 제품은 부유층과 중산층을 이어주는 다리 역할을 하게 된다. 이런 가교를 통해 물품의 의미가 부유층에서 중산층으로 전달되고 이전됐다고 해 이를 '전이된 의미론'이라고 지칭한 것이다. 작은 사치를 위해 특정한 품목이나 물건만을 구매한다고 하여 '일품명품주의'라고 지칭하기도 한다. 소소한 럭셔리, 작은 사치 트렌드는 이런 다리 놓기의 한 방편으로 이루어지는 것이다.

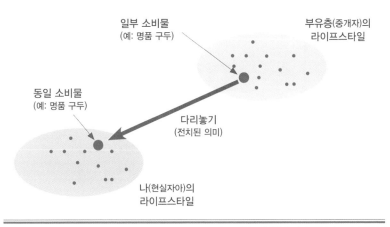

자료: 김난도, 『사치의 나라 럭셔리 코리아』(2007)

칫솔부터 호텔 패키지까지,
스몰럭셔리 산업

세계를 매혹시킨 스몰럭셔리 상품

스몰럭셔리 트렌드가 심화되면서 관련 히트상품들도 등장하고 있다. 2016년 코트라는 '세계를 매혹시킨 78개 스몰럭셔리 상품'을 발표했다.

그중 하나인, 일본의 미소카Misoka 칫솔은 천연 미네랄 용액 코팅으로 치약 없이도 입안을 개운하게 만든다. 가격은 일반 칫솔보다 3배 이상 비싸지만, 현재까지 300만 개가 넘게 팔렸다. 손의 열을 이용해

치약이 필요없는 미소카 칫솔　　　　　버미큘라 주물냄비

딱딱한 아이스크림을 쉽게 떠먹을 수 있도록 고안된 15퍼센트 시리즈 알루미늄 아이스크림 스푼은 3만 5,000원(3,240엔)이라는 고가에도 8만 개 이상 판매됐다. 캐나다의 가정용 치아미백장치 글로GLO사이언스 화이트닝, 일본의 물 없이 요리하는 주물 냄비 버미큘라Vermicular 등도 고기능 스몰럭셔리 제품으로 소개됐다. 중국 셀카족을 겨냥한 셀카용 카메라도 스몰럭셔리 상품 반열에 올랐다. 콤팩트카메라보다 1.5~2배 비싸지만 자동 포토샵 기능과 SNS 공유 기능이 뛰어나다. 미국에서는 반려견의 안전을 지키고 운전자 역시 도로 상황에 집중할 수 있도록 고안된 반려견 카시트가 21만 원(180달러)이라는 고가에도 반려인들로부터 호평을 받고 있다. 고급스러움을 부각시킨 프리미엄 제품들도 있다. 미국의 남성용 면도세트인 아트 오브 셰이빙 제품은

120달러로 고가지만 그루밍족[*] 남성들이 미용을 위해 아낌없이 투자한다는 점을 노린 제품이다. 작은 사치를 추구하는 소비자들이 새로운 시장을 만들어내고 있는 것이다.

혼술족을 위한 스몰럭셔리

서울 광화문의 포시즌스호텔 와인바에서는 다양한 프리미엄 와인을 글라스로 판매한다. 350밀리리터, 500밀리리터, 750밀리리터 등 다양한 용량으로 혼술을 즐길 수 있다. 여러 와인을 부담스럽지 않은 가격에 글라스 단위로 주문해서 마실 수 있는 것이다.

통상 한 병씩 시켜 마시던 와인이 이제는 한 잔, 심지어는 1/3, 1/4 보틀bottle 단위로 판매하는 곳도 늘었다. 이외에도 감홍로, 죽력고, 이강주 등의 전통주를 잔 단위로 판매하는 호텔도 등장했다. 배상면주가에서는 전체 매출 비중에서 잔술 판매가 20퍼센트에 달한다고 했다. 예전에는 생맥주 등만 잔 단위로 판매했지만 와인이나 전통주, 사케 등도 잔 단위로 판매를 많이 하고 있다. 결국 불황이 지속되면서 높은 가격의 주류 구매에 부담을 느낀 소비자들이 프리미엄 소비 욕구를 만족시켜줄 수 있는 잔 단위의 구매를 함으로써 작은 사치를 추구하고 있는 것이다.

---

* 여성의 뷰티에 해당하는 남성의 미용 용어다. 그루밍은 마부가 말을 빗질하고 목욕을 시켜주는 데서 유래했다. 패션과 미용에 아낌 없이 투자하는 남성들로, 이들은 외모 관리를 위해 피부 관리부터 미용, 성형수술도 마다하지 않는다. 패션과 외모 관리를 최고의 가치로 삼는 루키즘이 지배적인 트렌드로 나타나면서 그루밍족도 증가하고 있다. 유사어로 메트로섹슈얼이 있다

포미족을 위한 호텔 패키지

호캉스(호텔에서 바캉스)를 즐기는 나홀로족이 많아지고 있다. 이에 호텔들도 1인만을 위한 패키지 상품을 내놓고 있다. 롯데시티호텔과 L7 등에서 선보인 '마이데이 패키지'는 완판을 기록했다. 일명 '얼로너스Aloners 패키지'는 나홀로족에게 지속적으로 좋은 반응을 얻고 있다. 이외에도 그랜드힐튼호텔은 '포미 패키지', 코트야드메리어트서울 남대문은 '타임 포미 패키지' 등의 1인 패키지 상품을 연달아 내놓았다. 이 패키지들은 룸 1박, 뷔페 레스토랑 1인 조식권, 수영장 및 피트니스, 사우나 등의 무료 쿠폰을 포함하고 있으나 인원 추가는 불가한 나홀로족만을 위한 상품이다. 쉐라톤호텔 서울 디큐브시티는 스파 프로그램을 강조한 '힐링 스파 패키지'를 선보이고 있다. 패키지 이용 고객은 호텔 내 스파에서 인기 있는 4가지 트리트먼트 중 2가지를 선택해 60분 동안 마사지를 받을 수 있다. 쉐라톤호텔 서울 팔래스호텔도 '미! 싱글 패키지'를 운영한다. 다양한 프리미엄 메뉴를 방안에서 먹을 수 있는 인 룸 다이닝이 가능해 혼자서 얼마든지 게으름을 피울 수 있다. 편히 늦잠을 자고 싶어 하는 나홀로족을 위해 체크아웃 시간을 2시로 연장하는 상품도 속속 등장하고 있다. 혼자만의 시간과 공간을 즐기려는 나홀로 소비자들을 위한 솔로 패키지 상품이 인기를 끌고 있는 것이다.

포미족의 특징은 '가치 소비'에 있다. 과거 고가 제품의 소비 성향이 남에게 과시하기 위한 이른바 '보여주기' 경향이 강했다면 포미족

디저트 SNS 인증샷

에게서 나타나는 가치 소비 트렌드는 지극히 개인적이며 자기만족적인 성향이 강하다. 경기침체의 영향으로 소비자들의 지갑이 얇아지면서 소비심리가 크게 위축되고 있는 가운데 포미족은 새로운 소비동력으로 주목받는다.

외식업 분야에서는 디저트산업이 작은 사치의 흐름으로 인기를 끌었다. 가장 변화가 크게 나타나는 부문은 고급 디저트 시장이다. 국내 디저트 시장은 2013년 3,000억 원, 2014년 8,000억 원, 2015년 1조 5,000억 원까지 크게 불어났다. 밥값은 아껴서 지출해도 디저트에 돈을 아끼지 않고 지출하고 이를 SNS 등에 올리는 소비자들을 많아졌기 때문이다. 포미족들은 달콤한 시간에 투자한다. 달콤함이란 다시 말하면 위로를 위한 음식이기도 하다. 현실의 힘들고 고단한 삶에서 위로받고 싶은 포미족은 달콤한 음식을 먹으면서 지친 마음을 위로받고자 한다.

H.E.A.T 산업

포미족을 위한 작은 사치가 유행하면서 많은 전문가들이 H.E.A.T 산업에 주목해야 한다고 강조한다. H.E.A.T란 헬스케어·취미 Healthcare·Hobby, 엔터테인먼트Entertainment, 액세서리Accessory, 여행Tour 산업을 가리킨다. 자신의 건강을 위해 투자를 아끼지 않고, 적극적으로 취미생활을 즐기며, 여행처럼 특별한 체험에 대한 열망이 큰 사람들이다. 또한 나홀로족은 혼자 있을 때 그 시간을 즐겁게 보내기 위한 오락 활동에도 적극적인 지출을 한다.

욜로 라이프
사회

나홀로족의 작은 사치는 장기적인 시각을 가진 소비라기보다는 현재 지향적이고 감각 지향적이다. 욜로족의 성향을 보이는 것이다. 욜로 YOLO, You Only Live Once라는 단어는 미국의 인기 래퍼 드레이크Drake의 'the motto'의 가사에서 유래했다. 지난해 옥스퍼드 사전에 신조어로 등장한 '나'가 중심이 되는 라이프스타일이 욜로다. 멍청한 세대라는 비판도 있지만, 불안정한 미래를 위해 현재를 희생할 필요가 없다는 삶의 철학을 가지고 있는 것이다. 영국의「텔레그래프」지는 욜로는 멍청한 세대가 아니라 부모 세대와 다른 태도를 가졌을 뿐이라고 했다. 금리는 떨어지고 주택가격은 치솟는 상황에서 욜로족의 선택은 합리적인 소비에 가깝다는 것이다. 과거보다 기회가 줄어든 상황에서 현재에 집중하는 것은 후회 없는 삶을 위한 현명한 선택이다.『트렌드 코리아 2017』에서도 욜로 라이프스타일을 키워드로 선정했을 정도로 이는 뚜렷한 현상으로 나타나고 있다. 무엇보다 욜로족은 나를 위한 투자를 중시한다. 이들에게는 위시리스트wish list보다는 버킷리스트bucket list가 중요하다. 버킷리스트는 특별한 경험의 리스트를 이야기한다. 그들은 캐나다 오로라 여행, 도쿄 사무라이 검도 워크숍, 이탈리아 송로버섯 채취 등의 경험을 인생의 버킷리스트로 외친다. 무엇보다 욜로족은 현재의 행복을 위해서 하고 싶은 일을 당장 실행하며, 지금 행복하게 사는 것을 매우 중요시 여긴다.

저성장시대의
소비양극화

한 20대 직장인은 최근 월급을 저축에 쏟아붓기보다는 식도락이나 여행 등 소소한 취미생활에 더 많은 돈을 투자하기로 마음먹었다. 이씨는 "'티끌은 모아봤자 티끌'이라는 말이 있지 않느냐."며 "허리띠를

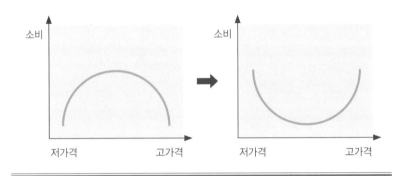

저성장기 소비의 양극화

소비

저가격   고가격

소비

저가격   고가격

졸라매서 적금을 붓더라도 서울에서 전세금조차 모으지 못한다면 차라리 그 돈으로 좋아하는 일을 하는 것이 낫다고 생각한다."고 했다.

1인 가구의 욜로 라이프 성향은 현재지향적 소비행태로 나타난다. 특히 1인 청년가구는 소득의 많은 부분을 소비에 투자하고 있었다. 2017년 통계청에 따르면 25~39세 1인 청년가구의 경상소득 대비 소비지출 비중은 2015년 기준 평균 64.5퍼센트였다. 불황이 지속되며 미래가 그만큼 불투명하기 때문에 장기적인 대비를 위한 준비보다는 현재의 생활 속 '작은 사치'에 돈을 쓰겠다는 청년들이 늘고 있는 것이다.

청년층 소비자들은 탕진잼 등의 사례와 같이 가처분소득이 크지 않기 때문에 작은 사치를 통해 만족을 추구한다. 무엇보다 1인 가구가 주로 이용하는 편의점 소비행태를 보면 '포미족'의 특성이 잘 나타난다. 최근 편의점에서는 프리미엄 라면, 외국산 맥주, 고가의 도시락

제품 판매가 늘고 있다. 이런 제품은 주택이나 자동차, 명품백 같은 고액의 지출을 하지 못하는 청년 1인 가구들이 저렴한 가격으로 '작은 사치'를 즐길 수 있게 해준다.

1인 가구의 작은 사치가 주목받는 것은 불황기라는 환경적 특수성과 결합되면서 강해지고 있다. 일반적으로 불황기에는 스몰럭셔리 경향이 더욱 두드러진다. 무엇보다 저성장기에 나타나는 소비의 양극화 현상 때문이다.

평상시에는 개인의 소비함수 내에서 그래프의 왼쪽과 같이 중간가격대의 제품을 많이 선택했다면 요즘과 같은 저성장기에는 소비의 양극화가 두드러지면서 완전히 저가격 제품을 추구하거나 고가격의 프리미엄 제품군에 대한 수요가 역설적으로 늘어나는 경향이 심화한다. 불황이 깊어질수록 두드러지는 이런 개인 소비의 양극화 현상은 프리미엄 산업에는 오히려 기회가 될 수 있다.

CONOMY

PART 2

1코노미
소비 트렌드

CHAPTER

04

1코노미 하우스

기존 1인 가구의 집은 자취방에 불과했다. 그러나 1인 가구가 점차 많아지고 혼자 살아
가는 기간이 길어지면서 주거공간을 자기만의 취향대로 꾸미려는 욕구가 커지고 있다.

마이크로 하우징
프로젝트

1인 가구를 위한 주택 설계에서는 작은 공간을 효율적으로 사용하는 것이 무엇보다 중요하다. 이를 위해 마이크로 하우징Micro Housing이 하나의 대안으로 떠오르고 있다. 1인 가구가 많이 사는 미국 뉴욕 맨해튼에서는 마이크로 유닛 하우징 프로젝트가 시도됐다. 2016년 극소형의 마이크로 아파트인 '카멜 플레이스'가 세워진 것이다. 카멜 플레이스는 면적 23~24제곱미터(약 8평) 규모의 초소형 스튜디오 아파트다. 조립식 단위로 55개의 유닛을 10층 규모로 쌓아올려 공간효율을 극대화하는 주거공간의 미니맥스mini-max 트렌드를 잘 보여준다. 긴 볼펜 형태의 구조를 지닌 이 아파트는 12인용 식탁으로 펼 수 있는 책상과 벽 안에 내장된 침대 등 접이식 가구를 배치하고 기본적인 주방기기와 소형 욕실만을 갖춰 공간효율을 극대화했다.

우리나라에서는 SSD아키텍처가 송파구에 설계한 마이크로 하우징 프로젝트가 대표적인 유닛 주택이다. 가장 작은 단위인 12제곱미터의 크기가 모두 14개의 유닛으로 이루어져 있다. 이러한 유닛은 반복적으로 구획돼 있으며, 나중에 1인 가구가 결혼 등으로 인원이 늘어났을 때 두 개의 공간을 합쳐 크기를 키울 수도 있다. 이곳은 단순히 주거만을 위한 공간은 아니다. 각각의 유닛들은 아틀리에나 사무실,

자료: www.phmkorea.com

송파 마이크로 하우징 프로젝트

전시 공간 등으로도 사용 가능하다. 가변공간을 통해 주거공간을 효율적으로 구성할 수 있게 만든 것이다.

마이크로 하우징이 인기를 끄는 이유는 단순히 작은 집에서 저렴한 비용으로 살 수 있기 때문만은 아니다. 초소형 아파트에 살아도 혼자 사는 사람들에게 필요한 식당, 카페, 영화관, 쇼핑몰 등의 문화시설이 바로 집 밖의 도심에 있기 때문이다. 서울이나 뉴욕의 중심가에 살다가도 언제 어디서나 원하는 다양한 볼거리와 서비스를 만끽할 수 있다는 점이 매력적인 것이다. 급증하는 1인 가구에 비해 주택 공급이 부족한 상황에서 마이크로 하우징은 나홀로족이 합리적인 비용으로 도시 생활을 편리하게 누리며 살 수 있게 해준다.

칙칙한 자취방은 가라,
셀프 인테리어

기존 1인 가구의 집은 자취방에 불과했다. 가정을 꾸리기 전에 혼자서 임시로 거처하는 주거공간은 굳이 자신의 취향대로 예쁘게 꾸밀 필요가 없었다. 그러나 1인 가구가 점점 많아지고 혼자 살아가는 기간이 길어지면서 주거공간을 자기만의 취향대로 꾸미려는 욕구가 커지고 있다. 이런 흐름 속에서 1인 가구를 중심으로 '셀프 인테리어' 열

자료: tvN, JTBC, 채널 A, XTM

집방 예능

풍이 불고 있다. 방송에서도 먹방(먹는 방송)·쿡방(요리 방송)에 이어 '집방(인테리어 등을 활용한 집 꾸미기 방송)' 프로그램이 인기를 끌었다. 이미 종영된 〈내 방의 품격〉이나 〈내 집이 나타났다〉도 2017년 시즌 2를 새롭게 방영할 예정이다. 방송 프로그램이 아니더라도 아프리카 TV, 다음팟TV 등 1인 방송 채널에서도 인테리어 관련 콘텐츠가 증가하고 있다. 더불어 홈퍼니싱Home Furnishing 관련 상품의 매출이 크게 늘고 있다. 홈퍼니싱이란 '집Home'과 '단장하는Furnishing'의 합성어로 가구를 비롯한 인테리어 소품, 벽지, 침구 등으로 집 안을 꾸미는 것을 말한다.

'자취방 인테리어'가 인기 있는 블로그 테마로 떠오르고 있다. 과거엔 자취방이라고 하면 어지럽게 물건이 널려 있고 지저분한 이미지였지만 지금의 자취방은 솔로들이 혼자만의 생활을 우아하게 즐길 수 있게 해주는 예쁘고 아기자기한 공간이다. '5만 원 자취방 인테리어' 블로그가 네티즌들로부터 큰 관심을 모으기도 했고, 실제로 자취방 인테리어를 소재로 한 책도 나왔다.

예전에는 인테리어를 전문업체를 통해 거금을 들여야 하는 일로 생각했는데 이제는 혼자서도 손쉽게 할 수 있는 일이 됐고 다른 형태로 이 분야의 비즈니스가 급격하게 성장했다. 가구업계도 이케아의 국내 진출과 동시에 큰 변화를 겪고 있다. 주로 조립식 가구와 침구류 등을 취급하는 이케아는 '예쁜 집을 꾸미고 싶다'는 1인 가구 소비자들의 욕구를 촉발시키는 계기가 됐다. 이케아의 인기와 더불어 국내 대기업 가구 업체들도 1인 가구의 취향을 저격하기 위한 제품을 대폭 강화하고 있다.

1인 가구가 많아지면서 홈쇼핑에서도 셀프 인테리어 관련 상품 매출이 급상승하고 있다. 건축자재 업계에서 B2B를 넘어서 B2C의 바람이 불고 있다. LG하우시스나 KCC 등에서는 전시판매장을 열어서 소비자가 매장을 방문해 정보를 얻고 인테리어 제품을 체험할 수 있도록 했다. 홈쇼핑이나 인터넷에서도 창호 등의 인테리어 제품 매출이 크게 상승했다. 이렇게 셀프 인테리어에 관심 있는 소비자들이 많아지면서 용품 판매업체들도 직접 DIY 작업방법을 상세하게 알려주고 있다. 예를 들어, 온라인 쇼핑사이트 G마켓은 페인트 전문업체인 '노루페인트', DIY 홈인테리어 자재 전문몰 '문고리닷컴' 등과 함께 셀프 인테리어족을 위한 'DIY 페인팅 무료 강좌'를 개설하기도 했다.

셀프 인테리어에 대한 관심이 높아지면서 모바일과 온라인을 통해 정보를 습득하려는 사람들도 많아지고 있다. 셀프 인테리어 전문 온라인 카페인 '레몬테라스'의 회원이 300만 명에 달하고 가상의 집을 꾸며주는 '홈 스타일러 인테리어 디자인' 애플리케이션은 사용자 숫자가 500만 명을 넘어설 정도다.

방스타그램

기존의 인스타그램에서는 음식이나 맛집을 공유하는 #먹스타그램이나 셀카 사진을 공유하는 #셀스타그램이 인기 해시태그였다. 요즘에는 셀프 인테리어의 관심이 높아지면서 #방스타그램으로 하는 '온라인집들이'가 인기를 끌고 있다. 젊은 1인 가구는 자신만의 특별한 방을 온라인을 통해 과시한다. SNS에서 사생활 노출을 두려워하지 않는 젊은 세대들은 예쁘게 셀프 인테리어를 한 자신의 방을 공개한다. 과거에 새집으로 이사하면 자기 집으로 지인을 초대하던 집들이가 이제는 온라인에 자기 집 사진을 찍어 올리는 온라인집들이로 대체된 것이다. 인스타그램에서 온라인집들이, 방스타그램, 집스타그램 등의 해시태그 검색을 해보면 사람들의 다양한 사적 공간을 볼 수 있다. 방을 보여주는 사람들은 타인으로부터의 인정과 공감을 얻고자 하는 것이고, 온라인집들이로 방문하는 사람은 타인의 방을 보면서 대리만족하게 된다.

#집스타그램 #온라인집들이

나홀로족을 위한
가구의 변신

2016년 G마켓에서 1인용 소파 판매량은 전년 대비 2배 이상(168퍼센트) 급증한 것으로 나타났다. 한샘 가구도 올해의 가구 트렌드로 가장 먼저 싱글 트렌드를 꼽았다. 싱글(1인 가구), 나홀로족을 위한 1인용 가구 매출이 급증하고 있다는 것이다. 싱글을 위한 가구는 1인용뿐만 아니라 단기간 편리하게 사용하고 부담 없이 버리는 이른바 패스트 퍼니처Fast Furniture*도 유용하다. 패스트 패션, 패스트 푸드에 패스트 퍼니처의 시대가 온 것이다.

여기에 1인 가구의 좁은 소형 주택 공간을 효율적으로 활용할 수 있는 가변형 트랜스포머Transformer 가구의 인기도 높아지고 있다. 좁은 주거공간을 최대한 효율적으로 활용하는 미니맥스Mini-Max 트렌드가 중요해지고 있는 것이다. 소파가 침대로 변신하고, 침대가 벽으로 들어가기도 하며, 자투리 공간을 최대한 효율적으로 사용할 수 있도록 하기 때문에 1인 가구의 만족도가 높다.

---

* 싸게 사서 쉽게 버리는 가구를 의미하는 용어로, 짧은 기간 사 입고 버리는 패스트 패션에 빗대어 만들어진 신조어다. 가구를 저렴한 가격으로 구입해 1~2년 정도 짧게 사용한 후 부담 없이 처분한다는 의미다. 패스트 퍼니처는 자취생, 1인 가구, 신혼부부 등에게 인기가 높다.

트랜스포머형 가구들

팝업 가구 Pop-up Furniture

　사람들의 라이프스타일이 변화하면서 가구의 모습도 변하고 있다. 가구를 필요로 하지만 부피가 큰 새 가구를 사기 부담스러워하는 사람들이 많아지다 보니 간단히 설치하고 해체할 수 있는 가구가 새로운 흐름으로 나타나고 있다. 그들은 대개 기능성에 초점을 맞추고 자신만의 디자인을 원한다. 이사가 잦은 1인 가구는 간편하게 생활하는 것이 가장 중요하기 때문에 팝업 가구가 대안으로 제시된다. 따라서 팝업 가구는 디자인보다는 실용성에 초점을 두고 사용자의 라이프스타일에 맞는지가 중요하다. 몇 가지 팝업 가구를 살펴보자.

　냉장고가 반드시 부엌에 있을 필요는 없다. 다음 사진 속 냉장고는 거대한 주머니처럼 디자인돼 어디에 두어도 이상하지 않다. 또한 간

냉장고의 변신

베드 텐트

편하게 여닫고, 편리하게 거치할 수 있어 1인 가구가 손쉽게 사용할 수 있다.

베드 텐트bed tent는 침대에 설치하는 텐트 형태의 제품이다. 여럿이 있어도 자기만의 공간을 구획할 수 있으며, 사용하지 않을 때는 간단히 접어서 보관하거나 이동할 수 있다.

1인용 세탁기와
냉장고가 있다?

작지만 강하다, 미니 가전들

소형 주거공간은 가구뿐만 아니라 가전제품의 크기도 소형화시키고 있다. 이른바 미니 가전제품이 소비자들에게 인기다. 작아진 크기에 다양한 기능이 멀티로 들어간 제품이 출시되고 있다. 예전에는 이런 미니 제품들이 세컨드 가전이라는 이름으로 불리기도 했지만 이제는 1인 가구 주거공간에서 주인공으로 제대로 된 역할을 하고 있다. 원룸이나 오피스텔 등을 선호하는 1인 가구 라이프스타일을 고려하면, 상대적으로 크기가 작고, 저렴하면서, 핵심적인 기능은 갖추고 있는 세컨드 가전이 더 어울리는 것이다. 1인 가구는 대형 세탁기 대신 미니워시 세탁기를, 유선 청소기 대신 무선 핸디스틱 청소기를, 큰 화면의 TV 대신 근거리에서도 벽에 대형 스크린을 쏠 수 있는 미니빔 TV 등을 작은 공간에서 더 유용하게 사용할 수 있다.

소형 가전제품

이외에도 미니 무선청소기 · 다리미 · 오디오 · 냉장고 · 커피머신 · 정수기 · 공기청정기 · 밥솥 등 수많은 미니 가전이 출시돼 소비자들에게 좋은 반응을 얻고 있다. 가전업계에서도 미니 가전제품이 점차 매출의 큰 비중을 차지하고 있다.

이제 1인 가전도 디성비

이제 가전도 디성비(디자인 대비 성능)의 요소가 중요해지고 있다. 미니 가전제품도 디자인이 예뻐야 한다는 것이다. 미니 가전은 크기의 소형화를 통한 편리함뿐만 아니라 주거공간에서 인테리어 아이템으로서의 역할이 중요해지고 있다. 이제 사람들은 '편하게 쉴 수 있는 집' 이상으로 '아름다운 집'이라는 측면을 중요시 여기기 때문이다. 최근 불고 있는 1인 가구의 셀프 인테리어 열풍도 이러한 인식과 맞닿아 있다.

1인 가구들은 지인들을 초대해 맛있는 음식을 나누고 시간을 보내는 홈 파티를 열기도 한다. 젊은 신혼부부 등은 홈인테리어에 관심을 갖고 직접 가구나 소품을 만드는 DIY인테리어에 열중하며 SNS 등을 통해 주변 생활공간을 사진과 영상으로 남기고 있다. 1인 가구 시대에 향후 가전제품은 가정 내에서 인테리어로서의 역할이 무엇보다 중요해질 것이다.

남성 솔로 가전의 부상

1인 가구가 많아지면서 가전제품 영역에서도 남성 소비자의 중요성이 커지고 있다. 전통적으로 가전제품 시장은 여성의 전유물이라고 생각돼왔지만 최근에는 맞벌이 부부도 많아지고, 특히 결혼 연령이 올라가면서 혼자 사는 남성이 점점 늘어 가전제품 시장에서 남성들의 구매력이 커지고 있다. 이러한 현상을 가리켜 미국 시장조사 전문기관 마이단마케팅Midan Marketion은 '맨플루언서manfluencer'라는 신조어를 발표했다. 남성을 뜻하는 '맨man'과 영향력을 행사하는 사람이란 의미의 '인플루언서influencer'를 합친 단어다. 이는 여성이 가정의 가전이나 주방용품 소비의 대부분을 차지하던 과거와 달리 점점 남성의 구매영향력이 확대되는 현상을 일컫는다.

이제 가전제품은 기능보다는 감성적 터치가 중요해졌다. 맨플루언서 시대에는 남성적 감성을 자극하는 가전 브랜드가 시장에서 차별적 우위를 점할 수 있다. 영국의 가전 브랜드 다이슨Dyson도 남성적 감성에 초점이 맞춰져 있다. 다이슨의 가전제품들은 최신 기술과 기계적인 미학이 결합돼 남성 소비자의 취향을 제대로 저격하고 있다. 다이슨은 전략적으로 제품의 남성미(美)를 강조한다. 예를 들어, 다이슨 청소기의 주요 부품은 외부로 노출돼 있다. 제품명도 V6, V8 등의 네이밍을 통해 철저하게 남성 소비자의 감성을 자극한다. 광고도 감성적 측면보다는 기술적 우수성을 강조한다. 이는 혼자 사는 남자들이 많아지면서 가전 부문에서 남성 마케팅의 중요성이 커지고 있기 때문이다.

0.5(점오) 가구의
등장

1인 가구 중 2곳 이상에 거처를 두거나 잦은 여행과 출장으로 집을 오래 비우는 사람들을 가리켜 0.5인 가구라고 지칭한다. 직장 근처에 방을 얻어 혼자 살지만 주말에는 부모가 있는 집에 가서 시간을 보내거나 적극적인 여가활동을 만끽하느라 주말엔 늘 집을 비우는 사람들이다.

0.5인 가구가 1인 가구와 구분되는 가장 큰 특징은 집에 머무는 시간이 훨씬 짧다는 점이다. 따라서 0.5인 가구는 싱글족보다 더욱 작은 집을 선호한다. 가구, 가전제품, 생활용품을 구매할 때도 초미니 주택, 초미니 주방용품, 초미니 글라스락 등 1인 가구용 제품보다 더 작고 간소한 제품을 선택한다. 이들은 가처분소득이 높고 향유형 라이프스타일을 지향하기 때문에 일반적인 1인 가구와는 차별되는 방식으로 접근해야 한다. 이들을 가리켜 솔로 이코노미를 넘어 '하프 이코노미Half Economy'라고 지칭하기도 한다.

싱글족 2명 이상이 한 집을 공유해 사는 밍글족mingle, mixed single도 등장했다. 집이라는 공간이 자산이나 소유의 의미보다는 사용 공간이라는 생각이 확산되면서 공유소비의 개념을 적용한 새로운 주거 트렌드다.

이에 따라 그리 넓지 않은 평수 안에서 두 가구 이상이 살아도 불편하지 않을 정도로 독립된 공간을 보장하는 주거형태가 개발되고 있다. 예를 들어, '힐스테이트 삼송역'은 사랑채 개념의 공간을 뒀다. 현

자료: www.ifides.com

가변형 주거공간

관에서 오른쪽 벽을 터 문을 하나 더 만들 수 있는데, 이곳은 거실이
나 복도를 거치지 않고 곧바로 방으로 이어지는 통로가 된다. 이곳으
로 들어가면 방 하나와 화장실이 있다. 거실과 연결되는 복도 쪽 미
닫이문을 닫으면 집 안에 또 다른 집이 생기는 셈이다. 따라서 두 가
구 이상이 하나의 아파트에서 독립적인 생활을 할 수 있다. 화장실과
옷장도 달려 있어서 출가한 자녀가 다시 들어와 살더라도 서로 독립
적인 생활이 가능하도록 설계한 것이다.

1인 가구의 주거 대안,
셰어하우스

"처음에는 누군가와 함께 지낸다는 것이 불편할 줄 알았는데, 오히려 독
립적인 공간과 함께 할 수 있는 공간이 함께 있어 장점이 더 컸던 것 같
아요. 서로 바쁠 때는 각자가 필요한 부분을 챙겨줄 수도 있고요! 게다가

여자 혼자 산다는 것에 대해 늘 불안함이 있었는데 함께 한다는 안정감이 커요." - 셰어하우스 여성 거주자

셰어하우스는 독립된 사적 공간에서 거주하면서 동시에 다른 사람들과 공간과 시간을 공유한다. 각각의 장점을 극대화한 주거공간이다. 우리나라에도 다양한 셰어하우스 업체들이 많이 등장하고 있다. 셰어하우스의 다양한 형태를 소개하면 다음과 같다.

소셜 하우징 - 우주

국내 최대의 소셜 하우징 업체다. 셰어하우스 1위 운영업체인 '우주'는 대형 평수의 집을 개조하여 젊은 층에게 보증금 없이 집을 빌려주는 방식으로 운영한다. 입주자들이 공감대를 형성하고 취미를 공유할 수 있도록 영화, 요리, 캠핑 등 지점마다 다른 콘셉트의 인테리어를 적용했다. 예를 들어, '창업가를 꿈꾸는 집', '미술가를 꿈꾸는 집', '슬로 라이프를 꿈꾸는 집', '여행을 꿈꾸는 사람들', '독서를 좋아하는 사람을 위한 집' 등 다양한 테마의 셰어하우스가 있다. 관심사나 취향이 비슷한 사람들끼리 함께 모여 사는 즐거움과 재미를 극대화하여, 마치 대학 동아리 같은 분위기를 연출하며 공동체적 결속을 더욱 끈끈하게 해준다.

외국인과 함께 - 보더리스하우스

'보더리스하우스'는 국제 교류 셰어하우스를 콘셉트로 한다. 이 셰

어하우스는 외국인과 집을 공유하며 생활한다는 독특한 경험을 해보게 한다. 한국인과 외국인의 비율을 5:5로 맞춰서 서로 매칭이 쉽게 되도록 했다. 입주 전 견학이나 스카이프 인터뷰를 통해 간단한 입주심사를 거치며 입주자들을 위한 다양한 국제 교류 프로그램을 운영하고 있다. 우리나라에서는 셰어하우스의 인기가 날로 높아지고 있어 쾌적한 주거 조건을 가진 셰어하우스를 운영하는 신생 기업들이 많이 등장하고 있다. 부동산 앱인 '직방'이나 '다방' 등에서 '셰어하우스'를 키워드로 검색하면 많은 방들이 나온다.

셰어하우스 전문 포털 – 컴앤스테이

2016년 2월 서비스를 시작한 셰어하우스 전문 포털 '컴앤스테이'에는 벌써 137개의 하우스가 등록했다. 상위 순위의 셰어하우스 업체들뿐 아니라, 주거비에 대한 청년들의 고민을 덜어주기 위해 서울시

자료: www.borderless-house.kr

외국인과 함께 사는 셰어하우스

컴앤스테이 등록 셰어하우스 증가 추이

방수

하우스 수

624개

556

266

120

57

16 | 33 | 61 | 123 | 137개

2013년 12월 | 2014년 12월 | 2015년 12월 | 2016년 12월 | 2017년 1월

자료: 한겨레신문

에서 지원하는 사회주택 '빈집'과 주택도시보증공사가 후원하는 '허그 HUG 셰어하우스' 등 입주비용이 저렴한 공유주택도 함께 소개하고 있다. 컴앤스테이는 등록 신청된 하우스를 본사 직원이 직접 방문해 검증하기 때문에 신뢰도 면에서도 인정받고 있다. 직접 확인한 입주 환경을 사진, 동영상, 리뷰 등 다양한 형태로 제공한다. 컴앤스테이에 등록된 셰어하우스 숫자는 급격하게 증가하고 있다.

주택협동조합 – 단비 하우스

2016년 1월 처음 문을 연 '단비 하우스'는 서울시 보조사업자인 드로우 주택협동조합 브랜드다. 연희, 성내, 쌍문, 숙명여대, 신길까지

5호점이 오픈됐고, 앞으로 덕성여대, 수유, 성신여대, 미아, 불광 등 여러 지점이 오픈될 예정이다. '모두가 행복했으면 하는 우리의 집'을 모토로 하고 있고 트렌디한 인테리어까지 갖춰 많은 싱글들에게 관심을 받고 있다.

소통하는 주거공간 – 위드 섬싱

역삼동의 위드 섬싱with something은 개인을 위한 소형 주거공간과 함께 다른 사람들과 소통하고 아이디어를 공유하는 공간으로 구성돼 있다. 지하 1층의 위드 플레이with play는 함께 일하고 아이디어를 공유하는 작업공간이고, 1층의 위드 토크with talk는 간단한 음식을 먹거나 전시가 가능한 커뮤니티 공간이다. 그리고 2~5층은 1인 가구를 위한 각각 8평 정도의 방 15개로 설계돼 있어 사생활은 보장받고 싶지만 동시에 타인과 소통의 문은 열어두고 싶은 젊은 세대들에게 좋은 반응을 얻고 있다.

미래를 위한
주거정책

스웨덴, 노르웨이, 덴마크, 핀란드 등 북유럽 4개국의 1인 가구 비율은 40퍼센트에 달한다. 특히 스웨덴은 1인 가구 비율이 47퍼센트에 달하고 수도 스톡홀름은 60퍼센트에 이른다. 그럼에도 불구하고 1인

자료: www.kollektivhus.nu

스웨덴 코하우징 주민 생활 모습

가구를 위한 주거, 복지, 조세 등의 사회시스템이 매우 잘 정비돼 있기 때문에 '고독사' 등의 문제가 불거지지 않는다. 유럽에는 무엇보다 1인 가구를 위한 주거정책이 체계적이다.

  유럽은 사회시스템이 '가족'보다는 '개인' 소득에 초점이 맞춰져 있어 저소득층 지원에 중점을 둔다. 유럽의 1인 가구 지원정책에서는 무엇보다 코하우징Co-Housing이나 컬렉티브 하우스Collective House 등의 공동주택정책이 대표적이다. 스웨덴 스톡홀름시 소유의 '페르드크네펜'

은 혼자 살지만 공동체 삶을 원하는 40세 이상의 시민을 위해 시설을 만들었다. 7층 규모로 마흔세 가구를 수용하는데 도서관·컴퓨터실·세탁실·수예실·목공실·취미활동 공간이 마련돼 있고 공용 정원도 있다. 각 가구에는 침실·거실·주방 등이 갖춰져 있지만 입주자 대부분은 공용 식당을 이용한다. 입주자들은 6주에 한 번꼴로 요리와 청소를 돕는다.

우리는 1인 노인가구의 무연사, 고독사 문제에 주목할 필요가 있다. 보건복지부 자료에 따르면 무연고 사망자는 2015년 1,245명으로 4년 전인 2011년(693명)보다 179퍼센트 늘었다. 무연고 사망자가 늘어나는 가장 결정적인 이유는 1인 고령 가구가 늘고 있기 때문으로, 2010년부터 2015년까지 증가한 1인 가구 수의 44퍼센트인 43만 9,000가구가 60대 이상인 것은 이러한 현상을 잘 설명한다. 혼자 사는 노인이 외롭게 죽어가는 것을 막기 위해서는 새로운 주거 공동체가 필요하다. 이러한 대안이 바로 '코하우징', '커뮤니티 하우스', '컬렉티브 하우스'다. 혼자 살지만 연대와 공동체의 장점을 살릴 수 있기 때문이다.

1인 가구 시대의 미래 주거 대안으로 컬렉티브 하우스는 다양한 계층의 사람들이 한 지붕 아래 모여 사는 공동체 주거형태다. 이곳에 사는 사람들은 각자 방을 사용하면서도 정기적인 모임을 갖고, 함께 식사하는 것은 물론 그룹 활동 같은 자유로운 소통을 하면서 생활한다. 내 집을 마련하기에는 경제적으로 쉽지 않은 젊은 세대, 치안과 안전에 대한 불안감이 큰 싱글 여성, 노후 고독사를 걱정하는 독거노

자료: tinyhouseblog.com

스웨덴 대학생들을 위한 초소형 주택

인, 육아와 가사를 병행해야 하는 맞벌이 부부 등 다양한 사람들에게 새로운 대안으로 떠오르고 있다.

스웨덴은 청년 대학생을 위해 1인 주택을 무상으로 제공하는 정책을 내놓기도 했다. 이 주택은 대학생들에게 큰 인기를 끌었다. 영국도 청년 및 노인 1인 가구를 위해 소형 임대주택, 노인보호주택 등을 공급한다. 25세 이하 청년들에게는 독립된 침실과 욕실, 화장실, 주방 등으로 이루어진 숙소를 제공해준다.

이들 선진국에 비해 1인 가구를 위한 우리나라의 주택정책은 거의 전무한 형편이다. 실제로 오피스텔, 기숙사, 고시원 등 주택 외 공간에 사는 가구 중 59퍼센트가 1인 가구다. 일자리를 구하지 못하고 아르바이트, 비정규직으로 일하는 청년들이 고시원이나 옥탑방, 반지하 쪽방을 전전하는 일명 '주거난민'의 신세다. 2016년에 대통령 직속 청년위원회가 실시한 '대학생 원룸 실태조사'에 따르면 수도권 소재

전월세 세입자 대학생 70.3퍼센트가 최저 주거 기준보다 좁은 공간에서 생활하는 것으로 조사됐다.

1인 가구의 주거공간도 선진국에 비해서 턱없이 좁은 수준이다. 특히 청년 싱글족의 주거공간은 매우 좁다. 싱글족 가운데 29세 이하 청년 가구의 주거면적은 30.4제곱미터에 불과해서, 이는 영국 청년 싱글족(63.2제곱미터)의 절반을 밑도는 수준이다. 미국에 비해서도 1/3 수준에 불과하다. 이러한 문제는 우리나라의 주택 공급 시스템과 관련이 있다. 국내에 신규 공급되는 주택 중 40퍼센트 이상이 전용면적 60~85제곱미터로 지어지는 반면에 60제곱미터 이하 소형 주택은 20퍼센트 안팎에 불과하다. 소형 주택 수요는 점점 커지는데 주거 공급은 엉뚱한 방향으로 이루어지는 것이다. 싱글족 증가에 맞춰 국민주택 규모를 수요에 부합하게 조정하는 대책이 마련돼야 한다.

1인 가구는 상대적으로 소득이 낮고 월세 거주 가구 비중이 크기 때문에 그만큼 주거비 비중이 높다. 결국 1인 가구의 높은 주거비 부담은 소비여력을 낮춰 경기침체의 악순환으로 연결될 가능성이 크다. 이는 저출산과 고령화의 부작용을 심화시키는 요인이기도 하다. 향후 구조적인 측면에서 우리나라의 1인 가구를 위한 주거정책 마련이 시급하다.

CHAPTER

05

1코노미 코쿠닝

지금까지 집은 가족과 함께 하고, 쉬고, 자는 그런 단순한 의미였다. 하지만 코쿠닝하는 '집돌이'에게 집은 복합쇼핑몰처럼 모든 것을 할 수 있는 공간이다. 나홀로족은 밖으로 나가야 할 필요성을 점차 못 느끼게 된다. 홈퍼니싱, 홈트레이닝, 집에서 만들어 먹는 커피와 맥주, 그리고 자신의 취미를 만족시켜주는 홈시어터와 음향기기들까지. 뭐가 더 필요할까?

모든 것을
집에서 해결하다

미국의 미래학자 페이스 팝콘Faith Popcorn은 "불확실한 사회에서 단절돼 보호받고 싶은 욕망을 해소하는 공간"을 '코쿤Cocoon'이라고 표현했다. 코쿤족은 누에고치처럼 안락하고 안전한 공간에 칩거하며 자신만의 생활을 즐기는 사람들을 말한다.

일본에서도 몇 년 전부터 스고모리(すごもる, 새나 벌레 따위가 둥지 속에 틀어박히다, 칩거하다)형 소비행태가 많이 나타나고 있다. '둥지족'이라고도 불리는 이들은 밖에 나가면 돈이 많이 들고 지출이 늘기 때문에 집에서 모든 것을 해결하려는 소비자들이다.

트렌드 예측 전문기관인 트렌드왓칭Trend Watching은 집에서 모든 걸 해결하려는 현상을 가리켜 '인스피리언스Inspirience*'라고 지칭했다. 이 또한 코쿤족, 방콕족과 연장선상에 있다. '집 나가면 개고생이다', '아무 것도 안 하고 싶다. 이미 아무것도 안 하고 있지만 더 격렬하게 아무 것도 안 하고 싶다'라는 광고카피는 사람들의 이런 열망을 대변한다.

---

* 집 안(Indoor)과 경험(Experience)의 합성어로 집 안에서 즐긴다는 의미다. '인스피리언스'는 집 안에서 적극적으로 다양한 활동을 하는 것이다. 'indoor' 대신에 활력을 불어넣거나 경험을 고취한다는 뜻의 'inspire'와 'experience'의 합성어로 보기도 한다. 최근에는 불황기에 시간과 비용을 절약하기 위해 집에서 시도하는 다양한 셀프 열풍으로 진화하고 있다.

코쿠닝 트렌드를 보여주는 광고들

'집 나가면 개고생',
스테이케이션

스테이케이션Staycation은 머물다Stay와 휴가Vacation의 합성어다. 집에서 즐기는 휴가(바캉스)라고 해서 홈캉스로 불리기도 한다. 과거 집돌이, 집순이는 사회생활이나 대인관계가 부족한 사람이라는 부정적 이미지였으나 이제는 하나의 당당한 라이프스타일로 자리 잡았다. SNS를 통해 집에서 힐링하는 모습을 공유하고 자신의 '방콕' 생활을 밝히는 것이 또 하나의 트렌드다. "집에 있으면 뭐 해? 안 심심해?"라는 물음에 "집에서 할 수 있는 게 얼마나 많은데. 행복해!"라고 마음을 표현하는 사람들이 늘고 있다. 집이라는 공간의 의미가 예전에는 단순히 잠, 휴식의 공간이었다면, 이제는 집이 모든 것을 할 수 있는 복합문화공간이 되어가고 있다. 집에만 있어도 모든 것을 할 수 있도록 생활 상품과 서비스가 구축되고 있기에 가능한 것이다. 기성세대에게

가상으로 꾸민 코쿤족의 일상

굳이 집 밖에 나가야 하나요? 왜요…?

〈나 혼자 산다〉의 실제판. 28세 L씨의 일상.
자취 2년차 프리랜서 디자이너인 L씨.
그의 생활 반경은
아침: 집 ⇨ 점심: 집 ⇨ 저녁: 집.
그에게 집은 직장이자, 쉼터이자, 헬스장이자,
모든 것을 해결할 수 있는 최고의 공간.

Morning	⇨	Afternoon	⇨	Night
일어나는 시간이 곧 기상 시간. 아침 식사 역시 간단한 음식과 커피로 대신.	노트북을 켜서 영상과 함께 식사. 다시 침대에 누워 뒹굴거린 후 하루일과를 생각함.	밀린 디자인 일을 시작하는 오후. 이 역시 집이나 집 아래 카페에서. 점심은 O2O 배달.	혼자 있어도 심심할 틈이 없다. 중간 중간 홈퍼니싱 조립과 홈트레이닝은 기분 전환.	일을 마친 후 집에서 흑맥주 제조, 혼술. + 넷플릭스 영화와 하루 마무리.

자료: 이제성, 헤럴드경제

집은 반드시 사야 하는buy 공간이었다면 이제는 살아가는live 공간이 되고 있다.

로그아웃
신드롬

현대인들은 직장일이 끝난 후에도 자유롭게 '로그아웃' 하지 못하는 경우가 많다. 퇴근 후나 주말에도 일에서 자유롭지 못해 '카톡 감옥' 이라는 용어가 등장했을 정도다. 프랑스 등 선진국에서는 '연결되지 않을 권리right to disconnect*'가 본격적으로 입법화되기 시작했다. 이렇듯 직장에서 퇴근하고 나서는 모든 업무와 인간관계에서 자유롭게 로그 아웃하고 싶은 것이 현대인의 심리다. 한 TV프로그램에서 가수 정용화는 집에 돌아오면 모든 일에서 자신을 '로그아웃'하고 싶어 하는 심리를 솔직하게 털어놓으며 공감을 얻기도 했다.

이를 로그아웃신드롬logout syndrome이라고 한다. 로그아웃신드롬은 컴퓨터에서 로그인, 로그아웃을 하듯 현실에서도 로그아웃하고 싶은 심리를 말한다. 밖에서의 모습은 잘 훈련된 기술, 방전된 에너지를 충전하기 위해 집에 혼자 있는 것이다.

---

* 근무시간 외에 업무와 관련된 연락을 받지 않을 권리를 말한다. 디지털 시대에 스마트폰, 카카오톡, 문자메시지 등을 통해 항상 일과 연결될 수밖에 없는 업무환경 때문에 논의되고 있는 새로운 노동 권리 개념이다. 노동자의 여가시간 보장과 사생활 보호를 목적으로 한다. 프랑스에서는 노동개혁 법안에 포함되어 2017년부터 발효돼 시행 중이다.

자료: KBS

밖에서는 줄곧 사교성이 좋아 보인다는 이야기를 듣지만 이는 사회생활일 뿐 사실은 '집돌이'라는 그룹 씨엔블루의 정용화. 그는 자신의 취향(골드)대로 꾸며놓은 집에서 혼자만의 시간을 갖는 것을 좋아한다. 평소 아무것도 안 하고 혼자 있고 싶다는 생각을 자주 하고, 소파에 12시간씩 그냥 앉아 있어도 혼자 있다는 사실 자체만으로 행복을 느낀다. 사적인 공간에서도 사람과 함께 있으면 일처럼 느껴진다는 그는 다른 사람과 약속을 잡는 것 자체가 귀찮고, 스트레스다.

집에서 혼자 뭘 할까 싶겠지만 할 수 있는 일은 너무나 많다. 커피를 만들어 카페에서 사용하는 일회용컵에 담아 마시기도 하고, 집 밖 풍경 사진을 찍기도 하는 등 소소하지만 혼자만의 즐거운 일상이 그에게는 행복이다.

전문가는 말한다. "보통 의욕적으로 사회활동을 하는 사람들이 집에 오면 바깥세상에 대해 무심해진다. 내향적인 사람들은 누군가를 만나면 에너지가 방전돼 집에 오면 녹다운된다. 생각이 많기 때문에 주변 사람이 복잡하게 하는 것을 싫어하게 되는 것이다. 그에게 있어 골드는 스스로를 '업'시켜주는 소품이다."

솔로가 하는 가장 짜릿한
가상연애

일본에서는 일찍부터 초식남들이 늘고 있다. 초식남이란 연애에 소극적이고 외부활동보다 혼자만의 시간을 탐닉하며 이성과의 스킨십이나 교제가 거의 없는 남자를 뜻한다. 풀 뜯어 먹는 남자라는 말이다. 이제 일본에서는 초식남을 넘어 절식남(絶食男)들이 많아지고 있다. 직장에서는 능력 있고 세련된 이미지이지만 연애세포가 말라버린 여성을 일컫는 '건어물녀'라는 말도 있다.

초식남, 건어물녀들이 많아지면서 남녀 간 연애가 원활하지 않아 솔로들을 위한 대규모 미팅 행사가 열리기도 한다. 일본에서는 단체 미팅 행사인 마치콘(街コン) 프로젝트가 있었고, 우리나라에서도 새마을 미팅 프로젝트가 화제를 모았다. 2012년에는 솔로대첩이 큰 주목을 받았으나 재앙에 가까운 남초 현상으로 인해 하나의 해프닝으로 끝났다. 행사에 남자가 가장 많았고, 다음으로 비둘기, 경찰 순으로 많았다는 우스개가 있을 정도로 결과는 참패였다. 이후에도 이런 유사한 행사들은 계속되고 있다. 2017년 봄에도 벚꽃 미팅 행사가 있었다.

이러한 흐름은 미국도 마찬가지다. 미국 3개 대학의 교수들이 국제성과학연구학회가 펴내는 「성적행동 아카이브Archives of Sexual Behaviour」에 게재한 연구결과에 따르면, 미국의 젊은이들 사이에 섹스리스sexless가 확산되고 있는 것으로 나타났다. 1990년대에 태어난 미국의 젊은이

6%
1960년대생

15%
1990년대생

자료: 시사저널

들(20~24세) 중에서 18세 이후 성관계를 해본 경험이 없는 비율은 15퍼센트에 달했다. 그들의 부모세대인 1960년대에 태어난 사람들을 대상으로 동일 연령대에서 조사한 결과를 보면 6퍼센트만이 성경험이 없었다. 두 배 이상 초식동물이 많아진 것이다.

연구진은 이러한 결과를 게임이나 인터넷 이용이 늘고, 집에서 보내는 시간이 길어져 실제 이성을 만날 시간이 줄어들었기 때문으로 해석한다. 디지털 네이티브Digital Native인 밀레니얼세대는 직접 대면하는 것보다 화면을 통해 커뮤니케이션하는 것에 익숙하기 때문이다. 또한 미국에서 젊은이들의 경제적 자립 시기가 점점 늦어지면서 부모와 동거하는 비율이 늘어나 자연스럽게 성관계의 첫 경험도 늦어진다고 해석한다. 이러한 흐름 속에서 잡지 「시사저널e」에 인용된 다음의 사례처럼 실제 연애보다 가상으로 하는 연애를 즐기는 사람들이 늘고 있다.

대학생 김석준(27 · 가명) 씨는 연애시뮬레이션 게임 마니아다. 실제 연애에는 큰 관심이 없다. 가상현실 속 여자친구야말로 그에게 완벽한 존재이기 때문이다. 김 씨는 "모태솔로로 여자에게 다가가는 것에 어려움을 느낀다."며 "게임 속 여자친구는 잔소리도 하지 않고 자신에게 요구하는 바도 없다. 최고의 여자친구라고 생각한다."고 말했다.

나홀로족이 많아지면서 가상연애 게임이 인기다. 모바일과 VR 기술이 만나면서 대중화 가능성도 높아지고 있다. 과거에도 연애시뮬레이션 게임은 있었지만 소수의 마니아층만 즐기는 장르였다. 그러나 이제는 VR 등의 기술이 크게 발전함에 따라 점차 대중화되는 모습이다. 특히 VR 기술을 적용한 가상연애 게임의 경우, 실제 데이트를 하는 듯한 착각을 불러일으킬 정도다.

일본에서는 '섬머레슨'이라는 연애시뮬레이션 게임이 등장했다. 섬머레슨은 플레이어가 가정교사로 여성 캐릭터에게 영어 또는 일본어

자료: 반다이남코
http://www.illu-member.jp/shop

가상연애 게임 섬머레슨

VR 카노조

를 가르친다는 내용의 미소녀연애시뮬레이션 게임이다. 가상의 여자친구와 일상을 보내고 서로 이야기를 나누며 교감을 하는 '가상연애'를 테마로 한 게임이다. 한국에서도 VR 기술을 이용한 가상연애 게임이 활발하게 개발 중이다. 이용자는 VR로 게임 속에서 여자친구와 함께 바닷가를 걷거나 스카이다이빙도 하며 다양한 데이트를 즐길 수 있다. 연애에 서툰 젊은 솔로 남녀들이 새로운 형태의 가상연애를 시도하고 있는 것이다.

가상연애 게임의 종착지는 성인 VR 콘텐츠다. 향후 성인 VR 콘텐츠의 폭발력이 심상치 않다. 일본 게임 개발사 일루전은 2017년 2월에 성인용 VR 게임인 'VR 카노조'를 출시했다. VR 카노조는 이웃에 살고 있는 여자친구와의 연애를 다루고 있다. 플레이 방식은 기존 출시작인 반다이남코Bandaionamco의 섬머레슨과 비슷하다. 자신의 방으로 찾아온 여자친구와 고개를 좌우로 움직이며 대화를 하거나 간단한 미니 게임을 즐길 수 있다. 이 게임은 오큘러스 터치, 바이브 컨트롤러 등 전용 컨트롤러를 이용하면 의사소통도 가능하다. 성인용으로 개발된 만큼 매우 선정적인 성적 콘텐츠도 포함돼 있다. 가상연애를 넘어서 이제 가상섹스가 현실화되는 시대를 우리는 맞이하고 있는 것이다.

1인 가구의 비율이 높아지면서 더불어 성인용품의 시장 규모도 매년 확대되고 있다. 최근에는 음지에만 있던 성인용품 매장이 양지로 나오는 추세다. 성인용품 매장은 이제 깔끔한 분위기와 위생적인 이미지로 변모하고 있다. 국내 최초 부티크 형태의 성인용품점 '플레져

랩'은 2015년 8월에 홍대에 문을 열어 매월 2배 이상의 성장을 기록하고 있다. 수요자가 남성밖에 없지 않겠냐는 우려와 달리 20~30대 여성 고객이 대부분이다. 이외에도 '레드콘테이너', '콘도매니아' 등 다양한 콘셉트의 성인용품 부티크 매장들이 높은 성장을 거두고 있다. 업계에 따르면 성인용품 시장은 400억 원 규모로 2015년에 비해 2배 가까이 성장하고 있다고 한다.

운동도 집에서, 홈트레이닝

홈트레이닝의 인기가 높아지고 있다. 시간과 공간의 제약이 없고 돈도 절약되기 때문에 집에서 운동하는 홈트족home+training(홈트레이닝족), 오트족office+training(오피스트레이닝족)이 늘고 있는 것이다. 홈트레이닝족은 대개 인터넷이나 SNS에 올라 있는 운동법을 따라 하며 혼자 운동하는 사람들이다. 실제로 인스타그램을 검색해보면 '홈트레이닝'이나 '홈트' 등의 해시태그를 단 게시물이 많이 올라와 있다. 유튜브에서 '이소라 다이어트 비디오'(197만 8,257회)와 '강하나 하체 스트레칭'(242만 6,660회) 등 유명 홈트레이닝 영상은 조회 수가 100만을 넘을 정도로 큰 인기를 모았으며, 인터넷 서점 인터파크 도서는 2016년 출판계 핵심 키워드 중 하나로 홈트레이닝을 꼽았다. 이외에도 육아맘이 개설한 홈트레이닝 채널 '스미홈트' 등이 인기를 얻고 있고, MBC 〈나

스미홈트 유튜브 채널　　　　　　　빌리 블랭크스 유튜브 채널

혼자 산다〉에서 개그우먼 박나래가 따라 하던 빌리부트캠프Billy's Bootcamp 운동 비디오도 유튜브 채널을 통해 폭발적인 반응을 얻고 있다.

　인스타그램에는 수많은 '#헬스타그래머'가 홈트레이닝 방법을 가르쳐주며 인기를 얻고 있다. 헬스타그래머는 운동과 건강 게시물을 많이 올리는 인스타그램 이용자를 가리킨다. 콩필라테스라는 예명으로 유명한 김은지 씨는 유명한 헬스타그래머다. 운동방법과 운동량 기록 차원에서 인스타그램과 페이스북에 올리기 시작한 운동 영상이 인기를 끌면서 팔로어가 폭발적으로 늘었다(2014년 7,000명에서 현재 23만 명). 유튜브 채널 구독자만 2만 5,000명이 넘고, 동영상 조회수는 140만 회를 상회한다. 유튜브의 인기 홈트레이닝 페이지 '다노TV'도 20kg을 감량한 제시언니(예명)가 소개하는 운동법과 식사법, 자기 관리 노하우 등 건강 정보를 담은 피트니스 채널이다. 해외에서 300만 명 이상의 구독자를 보유하고 있는 피트니스 블렌더Fitness Blender 등과

나이키+NTC 애플리케이션   타바타 운동 애플리케이션

같이 우리나라에서도 요가, 필라테스, 웨이트 등의 다양한 피트니스 채널이 개설되며 이 분야의 성장이 두드러지고 있다.

이러한 홈트레이닝의 인기와 더불어 혼자서도 따라 할 수 있는 운동 애플리케이션도 주목받고 있다. 나이키 트레이너들과 운동선수들이 개발한 100개 이상의 운동을 나이키 마스터 트레이너의 가이드를 통해 함께 할 수 있는 트레이닝 애플리케이션이 인기다. 요즘 이슈가 되고 있는 타바타 운동법을 기초로 한 애플리케이션 역시 인기를 끌고 있다. 타바타는 20초 운동, 10초 휴식을 8회 반복해서 4분간 최대 강도의 운동을 하는 체력증강 프로그램으로 짧은 시간에 높은 효과를 볼 수 있다. 홈트족의 증가로 인해 관련 앱의 인기가 크게 높아지고 있는 것이다.

덕후 문화
황금시대

1인 가구가 증가하면서 나 홀로 덕질하는 일명 '오타쿠'들이 많아지고 있다. 오타쿠Otaku(オタク)는 일본에서 유래된 단어로 집 안에서 만화나 애니메이션, 게임, 비디오 등 특정 대중문화에 몰입하는 취미를 가진 사람을 가리킨다. 1983년 칼럼니스트 나카모리 아키오(中森明夫)는 「오타쿠 연구」에서 처음으로 '오타쿠'라는 단어를 사용하며, '안경에 파묻혀 영양실조 걸린 하얀 돼지 같은데', '엄마가 사준 옷 차려입고', '세기말적으로 어두컴컴하다가 만화 행사장에선 잔뜩 모여 활개 치는 놈들'이라고 묘사했다. 이렇듯 오타쿠는 집 안에 틀어박혀 폐쇄적이고 중심에 서지 못하는 부정적인 주변인의 의미가 컸다. 그러나 이제 오타쿠 문화는 당당한 하위 소비문화로서 현대 사회의 중요한 소비층으로 자리 잡고 있다.

우리나라에 유행하는 '덕후'라는 신조어도 일본어 '오타쿠'에서 유래됐다. 발음상 귀엽게 오덕후로 바꿔 부르다가 여기서 더 짧아져 덕후로 바뀌고, '학위 없는 전문가', '좋아하는 분야에 열정과 전문성을 갖춘 사람' 등 첫 의미와 달리 능력자, 몰입이 강한 사람이라는 뜻까지 내포하게 됐다.

무언가를 좋아하는 팬이나 마니아보다 훨씬 더 깊이 빠져들어 득도의 경지에 이른 사람을 가리키는 오타쿠는 자기가 좋아하는 대상에 대해 전문가를 뛰어넘어 프로 비평가의 경지까지 도달하기도 한다.

오타쿠 시장은 나홀로족의 증가와 더불어 급격하게 성장하고 있다. 일본 야노경제연구소에 의하면, 2015년 기준 오타쿠 시장의 전체 경제규모는 약 8조 원이었고, 오타쿠 1인당 연간 소비금액은 약 200만 원이었다. 이 중에서 만화, 애니메이션 시장만 5조 7,920억 원에 이른다. 오타쿠는 자신이 몰두하는 특정 분야에는 돈과 시간을 아끼지 않고 투자하기 때문에 경기침체기에도 소비를 줄이지 않아 일본의 불황을 구한 원동력으로 평가받기도 한다.

왜 이렇게 오타쿠 문화가 날이 갈수록 강해지고 있을까. 이러한 배경에 대해서는 나홀로족이 혼자 있는 시간에 위로와 위안을 받을 수 있는 애니메이션이나 캐릭터, 장난감, 피규어 등에 몰입하기 때문이라는 해석이 많다.

오타쿠 관련 제품의 인기는 고독한 2030세대의 반영이라는 것이다. 곽금주 서울대학교 심리학과 교수는 "지금의 젊은 세대는 이전

덕후 발로 차지 마라
너는 한 번이라도
뜨겁게 덕질해본 적 있느냐

'덕후 프로젝트: 몰입하다' 전에서 전시된 잡지 「더쿠(The Kooh)」의 문구

세대보다 위안거리가 필요한 세대"라고 진단한다. 경쟁의 심화와 전체 가구의 30퍼센트를 차지할 정도로 1인가구가 늘어난 탓이다. 또한 곽 교수는 "심리적으로 지친 마음을 캐릭터 관련 상품을 즐기면서 해소하려는 청년들이 많아진 것 같다"고 말했다.

캐릭터나 애니메이션, 피규어 등은 애완동물과 달리 자기가 애정을 쏟고 싶을 때만 관심을 가지면 된다. 그래서 무언가에 애정을 쏟고 싶지만 속박되고 싶지 않은 사람일수록 반려동물보다는 피규어나 캐릭터 등의 오타쿠 문화를 즐길 수 있다.

코쿤족의
필수 아이템

'집에서 무엇이든 할 수 있는데 굳이 나가는 것이 무슨 의미가 있나.'
(feat. 서장훈)

지금까지 집은 가족과 함께 하고, 쉬고, 자는 그런 단순한 의미였다. 하지만 코쿤닝하는 '집돌이'에게 집은 복합쇼핑몰처럼 모든 것을 할 수 있는 공간이다. 나홀로족은 밖으로 나가야 할 필요성을 점차 못 느끼게 된다. 홈퍼니싱, 홈트레이닝, 집에서 만들어 먹는 커피와 맥주, 그리고 자신의 취미를 만족시켜주는 홈시어터와 음향기기들 그리고 내 사랑스러운 피규어들.

뭐. 가. 더. 필. 요. 할. 까. ?

코쿤족의 취향은 어떨까. 이들은 어느 누구의 눈치도 보지 않는다. 나 홀로 덕질하는 코쿤족은 자기를 지켜주는 포켓몬과 건담들의 눈빛을 보며 위로를 받는다. 한 코쿤족은 이렇게 묻는다. "레고를 맞추며 시간을 보내는 나. 만화책을 쌓아놓고 보다 잠자는 나. 비정상인가요?" 그들은 결혼과 안정을 꿈꾸라 하는 기성세대의 말은 들리지 않는다. "그냥 난 지금이 좋은걸요."

가정용 커피메이커
일어나 한 잔, 일하다 한 잔, 쉬다가 한 잔. 이러다 저러다 보면 하루에 서너 잔은 뚝딱이다. 집에서도 영업용 못지않은 가정용 커피메이커로 커피를 즐긴다.

간편식
코쿤족에겐 혼밥도 '집 안'에서다. 그러다 보면 마트 쇼핑 시 그들의 눈길을 사로잡는 건 '간편식' 코너. 종류도 다양하고, 퀄리티, 가격도 괜찮고. 코쿤족의 지갑이 열린다.

편의점
불황으로 유통업계가 휘청이는 지금, 유독 한 곳이 웃고 있다. 바로 1인 가구의 백화점, '편의점'이다. 혹시 이거 있나? 싶으면 있다! 그 중 놓칠 수 없는 '도시락', 이 가격에 5첩, 7첩, 전주비빔밥? 안 사고 배겨?

홈트레이닝
집돌이라도 틈틈이 홈트레이닝을 하는 코쿤족! 홈트레이닝 기구와 앱으로 집도 충분히 운동 가능한 곳이 된다.

배달앱

배달의 민족, 요기요 등의 배달앱은 코쿤족에게 외식을 하는 기분을 주는 감사한 앱이다. 더 이상 전화하는 귀찮음도 넣어둬, 넣어둬~ 최근엔 맛집들도 배달이 가능해지고 있다!

심부름 서비스

머리채를 끌어서 내보낸다 해도 '집 밖으론 못 나간다!' 하는 날. 휴대폰을 켜 '심부름 서비스'에 전화를 건다. "XX오피스텔 건너편 세탁소에서 빨랫감을 찾아서 오시는 길에 XX 빵집에서 내 최애빵 사다 주세요."

우리 집 밖의 세상, SNS

비록 내가 집에 있지만, 집 밖에 관심이 없는 것은 아니다. 다른 사람들과 차이가 있다면, 나는 무엇을 자랑하고, 내보이기 위해서 하는 건 아니라는 점. 그저 내가 가진 생각을 공유하고, 그 자체를 소통하고 싶을 뿐이다.

혼술＋집술＝혼집술? ＋ 홈비어키트

집에서 혼자 술을 즐기는 나. 취하려고 먹는 건 아니다. 그냥 그 맛과 향을 즐기는 거다. 게다가 '홈비어키트'는 직접 맥주를 만들어보는 재미까지!

큐레이션 서비스

내가 만든 맥주와 함께 소파에 앉아 영화 한 편 보면 '아, 나 성공했구나.' 하는 마음을 느끼게 된다. 하지만 뭘 봐야 할지 당최 느낌이 1도 안 올 때, 나의 큐레이터, 큐레이션 서비스의 도움을 받아볼까.

홈시어터, 스마트빔

홈시어터도 좋지만 가끔 집에서 간편하게 스마트빔을 켜서 보는 영화도 그 자체로 매력이 있다. '디지털 코쿤족'이 바로 내 취향. 이런 것들이 있는 내가 집 밖에 꼭 나가야 할까.

코타츠

학창시절 만화 〈못 말리는 짱구〉를 보면서 짱구네 집 저 탁자는 뭘까 늘 궁금했다. 그러던 중 '코타츠'를 알게 됐고, 홀린 듯 구매했다. 코타츠가 생긴 후 나의 덕후력은 증가했고, 만족감은 증폭됐다.

키덜트 제품

미미짱에 어떻게 가격을 매기겠느냐만 피규어 하나에 100만 원을 호가하는 것도 있다. 집에서 부모님과 살았다면 등짝 스매싱과 욕을 들었겠지만 이곳은 나와 피규어들의 집. 두려울 게 없다.

즐길 것이 너무나 많다, 모바일

코타츠와 귤, 휴대폰은 겨울의 삼합이다. 모바일로 할 수 있는 건 무궁무진하다. 매일 다양한 장르의 웹툰, 모바일 잡지, 페이스북 동영상은 하루가 모자를 정도다.

모바일 쇼핑

모바일 쇼핑 거래액이 2013년에서 2014년 사이에 125.8% 증가했다. 이 기록에 한 숟가락 올린 것이 바로 나다. 굳이 쇼핑몰에 가지 않아도 누워서 휴대폰으로 슥-.

홈파티

특별한 날, 지인들과 함께 즐기고 싶은 날. 집돌이인 나는 우리 집으로 사람들을 부른다. 각자 조금씩 준비해 오는 소소한 홈파티는 코쿤족인 나에게 또 다른 행복감을 준다.

나홀로족을 위한
히트 상품

일본 「닛케이 트렌디Nikkei Trendy」에서는 매년 히트 상품 30선을 발표한다. 이 중 나홀로족이 편리하게 활용할 수 있는 히트상품 아이템을 소개하면 다음과 같다.

샤워 클린 수트
세탁할 필요 없이 샤워기로 씻고 그대로 말리면 다림질하지 않아도 되는 편리한 양복

누룽지 수프
국에 누룽지를 넣어 먹는 새로운 간편식

레쿠에
간단하게 굽고 익힐 수 있도록 설계된 용기. 재료를 넣고 오븐이나 전자레인지에 넣어 조리한 뒤, 남은 음식은 냉동실에 보관

폭신폭신 식빵
메이플시럽, 고구마, 초코 등 다양한 맛의 식빵

레인지에 굽는 생선
집에서 간편하게 생선을 구울 수 있도록 고
안된 용기에 생선을 넣고 그대로 전자레인지
로 조리

재첩 70개분의 힘
봉지에 물을 타서 만드는 재첩 70개분의 아
미노산이 함유된 미소시루

GOPAN
쌀로 간편하게 만드는 제빵기

컵밥
건강을 생각해 컵라면 대용으로 컵밥 출시

타니타의 사원식당
체중계를 만드는 회사인 타니타의 사원들이
체중 감량을 위해 칼로리를 낮춘 식사를 제
공한 것이 유명해지면서 영화로도 제작

레인지로 조리하는 닭튀김가루
전자레인지로 치킨 가라아게를 요리할 수 있
도록 만들어진 튀김가루

레인지 압력솥
전자레인지를 이용해 밥을 하거나 찜을 할 수 있는 압력솥

로봇청소기
타이머로 시간을 맞추면 자동으로 청소하고 꺼지는 로봇청소기

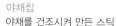

나베큐브
국, 찌개 요리를 할 때 넣는 조미용 큐브

야채칩
야채를 건조시켜 만든 스틱

스마트 드라이어
이불 등을 밖에서 말리지 못하는 현대인들이 집에서 간단히 건조할 수 있도록 만든 제품

컵누들
똠얌꿍, 미고랭 등 다양한 컵누들 메뉴

진화하는
코쿠닝

20대를 가리키는 용어 중 벙커 세대라는 말도 있다. 벙커는 안과 밖이 구분된 공간을 가리킨다. 그 공간에서 20대는 자발적으로 자신만의 안식처를 찾아 행동하는 경향을 보인다. 혼자만의 시간과 공간을 편안하게 생각하며 다른 사람과 명확하게 선을 긋고 자신의 영역을 확실하게 하여 '선명한 혼자 되기'를 원하는 것이다. 코쿠닝의 또 다른 모습이다.

코쿠닝은 은둔형 외톨이가 아니다. 단지 자기만의 공간에서 운동과 취미 활동에 몰입한다. 혼자 있다는 것은 외로운 것이 아니라 쉬면서 스스로를 계발하고 발전시키기 위한 재충전의 의미를 갖는다. 여름철 휴가도 집에서 선풍기 바람을 쐬며 맛있는 음식을 시켜 먹는 스테이케이션을 즐긴다. 주머니 사정이 어려운 저성장기에 '가성비' 갑(甲)의 휴가를 지향하는 것이다. 덕후들이 과거의 부정적 이미지를 탈피하고 당당한 능력자로 거듭난 것처럼 코쿠닝 트렌드도 과거의 생산성 없는 '방콕'이나 반사회적 '은둔형 외톨이'의 이미지를 벗고 싱글들을 건강하고 생산성 있게 만들어주는 재충전의 기회로 봐야 할 것이다.

이제 집은 단순히 잠을 자고 휴식하는 공간을 넘어서 모든 것을 할 수 있는 공간이 됐다. 특히 1인 가구들은 좀 더 자유롭고 편리하게 집에서 코쿠닝을 즐길 수 있다. 미래에는 첨단기술이 접목되면서 집은 초연결의 '스마트홈' 단계로 발전해 나갈 것이다. 또한 1인 가구의 증가와 집을 둘러싼 환경의 급격한 변화가 합쳐지면서 새로운 코쿠닝 산업을 창출하게 될 것이다. 따라서 기업들은 향후 변화에 따라 싱글 족들이 집에서 어떠한 니즈needs를 가지고 무슨 액티비티activity를 원할 지에 대해 다각도로 대비해야 한다.

CHAPTER

06

1코노미 여행

나 홀로 해외여행을 떠나는 이유를 묻는 질문에, 취업난과 경쟁에 지친 2030세대는 자아성찰을 위해, 4050세대는 혼자만의 편안함 때문에 혼행을 떠나고 싶다고 말했다. 혼행이라고 해서 모두 같은 여행은 아니다. 다양한 특성의 여행이 존재하기 때문이다. 자신에게 맞는 혼행을 준비한다면 더욱 만족스러운 혼자만의 여행을 즐길 수 있을 것이다.

혼행이
대세다

혼자서 여행을 떠나는 일명 '혼행족'이 크게 증가하고 있다. 모두투어가 발표한 자료에 따르면, 2016년 기준 혼행족은 여행상품 예약 5건 중 1건이 1인 여행족이고, 2015년과 2016년 항공권 예약 절반이 1인 예약이었다고 한다. 하나투어에서 공개한 자료 역시 혼행족의 증가를 잘 보여준다. 항공권이나 여행상품을 1인용으로 구매한 경우가 2016년 20만 6,000명으로, 2011년 4만 6,000명과 비교하면 5배 가까이 급증했다.

　종합쇼핑몰 G9에서는 휴가철을 맞아 2016년 7월에 여행소비자 966명을 대상으로 설문조사를 실시했다. '나 홀로 해외여행을 가본 적 있다'는 응답자가 58퍼센트에 달했다. 나 홀로 해외여행을 떠나는 이유를 묻는 질문에 2030세대는 '혼자만의 시간을 갖고 싶어서'(47퍼센트)라는 응답이 가장 많았고, 40대 이상은 단순히 '편해서'(42퍼센트)라는 응답이 1위를 차지했다. 취업난과 경쟁에 지친 2030세대는 힐링과 자아성찰을 위해, 4050세대는 혼자만의 편안함 때문에 혼행을 떠나고 싶어 하는 것이다.

　혼행족들이 많아지면서 1인을 위한 상품도 쏟아져 나오고 있다. 호텔 등에서도 혼자 자도 두 명 방값을 내야 하는 '싱글 차지'를 없애

나 홀로 해외여행 어떠신가요?

Q. 나 홀로 해외여행 경험 유무

있다 58% / 없다 42%

Q. 올여름 나 홀로 해외여행 계획 여부

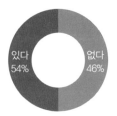

있다 54% / 없다 46%

Q. 나 홀로 해외여행을 떠나는 이유

20~30대 1위
혼자만의 시간을 갖고 싶어서 47%

40~50대 1위
편해서 42%

Q. 나 홀로 해외여행 방법

자유여행 84%

패키지투어 8%

에어텔여행 8%

자료: G9

는 업체가 많아지고 있으며, 국내 호텔들은 거의 싱글 차지를 없앤 상황이다. 여행상품 자체에도 하나투어의 '혼행남녀'처럼 혼행이라는 단어가 들어간 상품들도 등장하고 있다. 인터파크 투어에서는 혼자 온 여행객끼리 룸을 매칭시켜 숙박비용을 절반으로 아낄 수 있는 유럽 패키지 여행상품을 출시하기도 했다. 혼행족의 증가로 인해 인기 관광지의 순위가 바뀌기도 하는데, 가장 큰 수혜를 본 지역은 일본이다. 이외에도 홍콩, 태국 순으로 혼행족들에게 인기가 높다. 이렇게 여행업계도 발 빠르게 혼행족 여행 트렌드에 대응하고 있다.

온전한 나만의 시간을 찾아
떠나는 혼캠족

캠핑이라는 단어를 들으면 우리는 사람들이 무리지어 함께 가는 것을 떠올린다. 삼삼오오 모여 앉아 별이 쏟아지는 밤하늘을 바라보며 밤이 깊어가는 줄도 모르고 즐겁게 대화를 나누는 것이 캠핑의 낭만이라고 생각했다. 하지만 나홀로족이 트렌드로 자리 잡으면서 캠핑에서도 '온전히 혼자만의 시간'을 즐기려는 혼캠족이 늘고 있다. 복잡한 도시를 떠나서 홀로 자연 속에 머무르며 자연을 만끽하려는 사람들이 증가하고 있는 것이다.

혼캠은 다른 사람으로부터의 간섭도 없고, 오롯이 자기만의 시간을 가질 수 있다. 컴퓨터 책상을 벗어나 푸른 하늘 아래서 한가로운 시간을 갖게 되면 바쁜 일상에서는 미처 깨닫지 못하던 소중한 것들을 되돌아보게 된다. 사람들은 혼캠을 통해 자기를 성찰한다.

'백패킹' 용품 매출은 이러한 트렌드를 반영한다. 백패킹은 원래 '배낭여행'에서 시작돼 저렴한 비용으로 세계를 여행하는 것을 가리키는 용어였다. 그러나 최근 몇 년 사이 백패킹의 개념은 야생에서 캠핑하는 것으로 바뀌었다. 배낭에 식량과 침낭, 취사도구 등을 모두 넣고 야생으로 들어가 하루 이상을 지내는 것이다. 최소한의 장비로 무게를 줄여 캠핑 본연의 매력을 즐기고자 하는 사람들이 바로 '백패킹족'이다.

자료: blog.naver.com/mirr2lc

백패킹 용품들

　미니멀리스트[*] 열풍이 캠핑에도 불고 있다. 미니멀 캠핑은 최소한의 장비로 캠핑을 가는 것을 말한다. 화려한 캠핑장비 대신 주변의 시선을 신경 쓰지 않고 최소한의 필요한 장비만으로 떠나는 것이다. 혼캠 예찬론자들은 무엇보다 '솔로캠핑은 간단하다'는 것을 장점으로 내세운다. 혼자다 보니 장비 규모가 작아지고 가지고 가야 하는 장비라야 1인용 텐트와 침낭, 의자 1개, 미니사이즈 타프, 1인용 코펠, 스토브면 충분하다. 혼자 먹는 식사라서 음식도 즉석밥, 컵라면 등만 가져가도 된다.

---

[*] 　원래는 되도록 소수의 단순한 요소를 통해 최대 효과를 이루려는 사고방식을 지닌 예술가를 가리키는 용어였다. 요즘에는 소유의 욕망을 버리고 최소한의 물건만 가지고 심플하고 간결한 삶을 살고자 하는 라이프스타일 트렌드를 지칭하기도 한다.

캠프 스토브   1인용 텐트

　미니멀 캠핑용품으로는 쉽게 운반 가능하고 설치할 수 있도록 부피와 무게를 줄인 텐트와 침낭, 아기자기하면서 쓰임새가 넓은 취사도구 등이 있다. 혼캠족을 위한 1인 캠핑용품이 크게 성장하고 있다. 캠핑용품 상품군의 전체 매출은 2016년 대비 171퍼센트 신장하여 3배가량 증가했는데, 특히 '싱글 해먹'은 288퍼센트 늘어나 최고 신장률을 기록했다. 1인 캠핑용 코펠 250퍼센트, 1인용 텐트 191퍼센트, 1인 돗자리 125퍼센트 신장 등 1인용 캠핑용품의 매출 상승이 두드러졌다.

　혼캠족을 위한 다양한 상품도 많이 출시되고 있다. 바이오라이트 Biolight 사의 캠프 스토브는 나무 장작을 이용해 버너나 스토브로 사용하고 그 열기로 전기에너지를 만든다. 열에너지를 전기에너지로 바꿔서 휴대폰 충전까지 가능한 상품이다. 이외에 1인용 소형 텐트도 인기를 끌고 있다. 빅텐Big Ten의 올인원 텐트는 1인용 텐트로 혼자 간편하게 설치하고 이용하게 만든 상품이다.

　혼캠을 갈 때 필요한 것 중 하나가 1인용 캠핑카일 것이다. 디자이

1인용 캠핑카와 1인용 캠핑캐러밴 호미 캠퍼

너 코넬리우스 코만스Cornelius Comanns는 혼자서도 캠핑을 할 수 있도록 한 새로운 개념의 삼륜 캠핑카 버팔리노Bufalino를 설계했다. 이 캠핑카는 캠핑뿐 아니라 임시적인 생활도 가능한 구조로 설계돼 있다.

그리고 이제 삼륜 캠핑카를 넘어 2018년에는 초경량 캠핑캐러밴이 출시된다. 크고 웅장한 캐러밴 대신 아담하고 실용적인 슬림 캠핑카다. 호미 캠퍼Homie Camper라는 이름의 이 작은 캐러밴에는 캠핑에 필요한 모든 것이 구비돼 있다. 식탁, 의자, 침대, 태양광 발전까지 첨단 시설을 갖췄다. 무게도 200킬로그램이라서 소형 차량으로도 충분히 견인할 수 있는 제품이다. 가벼운 무게와 슬림한 크기, 합리적인 가격(7,245달러)으로 가성비와 실용성을 겸비하고, 이동성까지 우수한 제품이다. 혼자 호젓하게 솔로 캠핑을 즐기고자 하는 사람들에게 최적의 제품일 듯하다.

집에서 즐기는 여유, 홈캠핑

가성비 좋은 여가를 즐기고자 한다면 무조건 집이 최고다. 캠핑 갈 시간과 여유가 없다면 집에서도 캠핑 기분을 내볼 수 있다. 집에서 캠핑하는 홈캠핑족은 이른바 페이크슈머fakesumer다. 페이크슈머는 가짜를 의미하는 페이크fake와 소비자를 뜻하는 컨슈머consumer를 결합한 신조어다. 이들은 얇은 지갑에 좌절하기보다 자기만의 독특한 방식으로 소비의 즐거움을 만끽하는 사람들이다.

홈캠핑족은 멀리 캠핑장까지 가야 하는 시간과 노력을 절약하기 위해 거실에 텐트를 치고, 주말 밤을 이용해 여유롭게 장비나 장소의 스트레스 없이 원하는 곳에서 원하는 분위기로 캠핑 기분을 낸다. 홈캠핑에선 정해진 장소가 없다. 거실, 베란다, 옥상, 마당 등 어디서든 캠핑이 가능하다. 잠자는 방에 텐트를 치는 것을 '방구석 캠핑'이라고 한다. 어디서부터 시작해야 할지 모르는 초보 캠퍼에게 좋은 맛보기 경험이 될 수 있다. 테라스에서 간단한 캠핑 기분을 내고 싶다면 의자와 식탁, 버너와 코펠로 맛있는 음식을 해 먹을 수 있다. 매트리스를 깔고 와인과 음악으로 피크닉 분위기를 낸다.

옥상이나 마당에서는 좀 더 다양한 용품을 준비할 수 있다. 1~2인용 소형 팝업 텐트나 사이드 테이블, 야전침대, 스탠딩 랜턴 등을 활용할 수 있다. 여기에 홈캠핑의 낭만인 미니빔 프로젝터까지 활용한다면 야외에서 즐기는 감성영화관이 완성된다. 바쁜 일상 속에서 휴식과 재충전이 되고 캠핑용 의자에 앉아 시원한 맥주를 마시며 영화를 즐기면 도심 속 완벽한 힐링을 경험할 수 있다.

혼자라서 더 좋은
힐링 여행 상품

나만을 위한 웰니스 여행

호주에서는 자신만을 위해 떠나는 웰니스 여행wellness tourism이 인기를 끌고 있다. 새로운 곳을 체험하고 구경하기 위한 여행이 아니라 바쁜 일상에 지친 몸과 마음을 쉬게 하고 자신을 돌아보는 여행이다.

대표적으로 호주 퀸즐랜드 주 골드코스트에 있는 귄가나 휴양지 Gwingana Lifestyle Retreat는 현지에서 인기 있는 웰니스 여행지다. 이곳의 휴양 여행에는 요가, 스파, 디톡스, 체중 감량 프로그램 등이 포함되어 있다. 여기서는 먼저 전문가로부터 웰빙 관련 세미나를 통해 정보를 얻고 자연 속에서 요가나 조깅을 하며 신체와 정신을 단련한다. 마사

자료: thechapmanguides.com, organicshopper.com.au

권가나 휴양지

지도 화학성분이 일절 들어 있지 않은 제품만 사용하고, 식사도 유기
농 재료로만 만들어 디톡스를 할 수 있다. 또한 휴양지 전체가 금연
구역이고 술, 카페인이 들어간 음료, 신문, 휴대폰 등도 반입하지 못
하게 되어 있다. 만 18세 이상만 숙식이 가능해서 어린이들로 인한
소음도 전혀 없다. 오로지 1인만을 위한 웰니스를 실현하기 위한 휴
양 여행의 개념인 것이다.

고요 속 편안함, 자아성찰 여행

현대인들은 스마트폰을 비롯한 디지털 기기의 홍수 속에 살아간
다. 어디서든 사람들의 시선은 스마트폰에 고정되어 있다. 스마트폰
을 보며 걷는 사람들을 가리켜 '스몸비(스마트폰+좀비의 합성어)'라는 신
조어까지 등장했다. 우리나라는 전 세계에서 스마트폰 보급률이 88
퍼센트로 그 비율이 가장 높다. 그리고 이 중 15퍼센트가량이 스마트

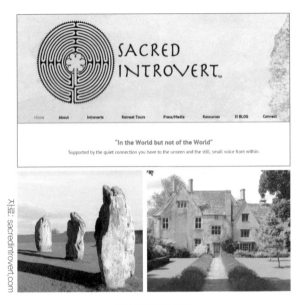

자료: sacredintrovert.com

자아성찰여행 상품

폰 중독 증상을 보인다. 스마트폰 사용시간도 1인당 하루 평균 4시간이다. 디지털 중독이 심각한 상황이다. 이러한 사람들을 위해 일체의 디지털 기기를 반납하고 여행에 참여하는 디지털 디톡스 여행 상품이 등장하기도 했다.

자아성찰여행Sacred Introvert Retreat Tours은 사회생활과 인간관계에 지친 사람들을 위한 고요한 여행 상품이다. 투어를 통해 모든 것을 내려놓고 조용한 자기성찰을 하는 것이다. 특히 이 여행 상품은 내향적인 성향을 가진 사람들을 위한 상품이다. 실제로 투어 코스 자체가 자연경관을 둘러보고, 조용하고 한가한 곳을 방문하는 데 초점이 맞춰져 있다. 대부분의 투어에서처럼 요란한 단체관람, 참가자들 간의 파티 등의 일정도 없다. 숙소도 1인 1실로 제공돼 혼자만의 시간을 충분히 가질 수 있도록 모든 일정이 짜여 있다. 오롯이 자아성찰을 위한 자기만의 시간을 가질 수 있는 여행상품이다.

셀피 마케팅의
진화

셀카(셀프카메라)를 찍어 소셜미디어에 공유하고 싶어 하는 사람들을 위해 코카콜라는 2016년 하반기에 셀피 보틀Selfie Bottle을 출시했다. 셀피 보틀 캠페인 'Say Coke'는 코카콜라의 뚜껑을 스마트폰에 거치시켜 셀카를 촬영할 수 있도록 제작됐다. 셀피 보틀 캡은 코카콜라 음료를 구매한 사람들이 자연스럽게 뚜껑을 이용해서 셀카스틱이 없어도 멋진 셀피를 촬영해 자신과 사람들의 일상을 언제 어디서나 공유할 수 있게 해준다. 거기에 더하여 자연스럽게 코카콜라 로고가 노출

자료: 코카콜라

코카콜라 셀피 보틀

자료: 호주 관광청 영상 광고 캡처

기가 셀피

되면 SNS 등을 통한 광고효과도 거둘 수 있다. 코카콜라 캠페인은 '행복과 즐거움을 주는 브랜드'라는 코카콜라만의 브랜드 스토리를 고객들의 즐겁고 유쾌한 체험으로 구현해주면서 좋은 반응을 이끌어내고 있다.

호주에서는 혼자 여행하는 사람을 위해 셀카를 원거리로 촬영해주는 '기가 셀피'가 등장했다. 기가 셀피는 2016 칸 국제 광고제에서 금상을 수상하기도 했다. 관광지에서 색다른 셀카를 찍고 싶어 하는 나홀로 여행객이 기가 셀피존에 올라가서 카메라가 있는 곳을 보면 120미터 거리에서 확대해도 화질이 깨지지 않는 기가바이트 픽셀 사진을 원거리에서 촬영해주는 것이다. 먼저 사용자가 기가 셀피 앱을 다운로드해 설치하고 유명 관광지에 마련된 스팟(발판) 위에 올라가서 자신의 스마트폰으로 앱에서 가리키는 장소를 보고 촬영시작 버튼을 누르면 120미터 거리의 카메라가 촬영해서 메일로 보내주는 방식이다. 여행의 인증샷을 원하는 혼행족들이 자신의 특별한 사진을 추억으로 간직하고 싶어 하는 심리를 잘 반영하여 만든 캠페인이다.

우리가 셀피에 열광하는 이유

왜 이렇게 많은 사람들이 셀피에 열광하는 걸까? SNS에는 절벽 끝에 서 있거나 고층빌딩에 아슬아슬하게 매달려 있는 '극한의 셀카' 사진들이 올라온다. 심지어 NASA의 우주인도 무중력의 공간에서 셀카를 찍어 올릴 정도니 셀피 열풍은 남녀노소, 국적, 장소를 불문한다. 셀카봉은 이제 필수품이 되었고 급기야 '드론'을 이용한 셀카까지 등장하고 있다. 온라인에는 하루 약 3억 5,000만 장의 셀카가 올라올 정도로 셀피 열풍이다.

셀피가 이렇게 유행하는 것을 두고 전문가들은 밀레니얼세대의 자기애·자아도취 성향과 연결하여 설명한다. 미국의 시사주간지 〈타임〉은 자아도취적 특성을 지닌 밀레니얼세대를 가리켜 "미 미 미 제너레이션Me Me Me Generation"이라고 지칭할 정도다. 전문가들은 셀카 집착에서 나타나는 나르시시즘은 경계해야 할 요소라고 지적한다. 과도한 나르시시즘은 자신감이 강한 사람보다는 미약한 자아와 낮은 자존감을 가진 사람에게 나타나는 경우가 많기 때문이다. 미국 샌디에이고주립대학교 진 트윈지Jean Twenge 교수에 의하면 과거에 비해 젊은 세대들의 나르시시즘 성향은 크게 높아졌지만, 삶의 행복감과 만족감

자료: spaceflight.nasa.gov

우주인의 셀피

은 크게 나아지지 않았다고 지적한다. 강해진 자기애 성향만큼이나 불안, 걱정, 우울, 소외감 등 부정적 감정도 함께 높아졌기 때문이다. 스스로 지나치게 셀카에 집착하고 있다는 생각이 든다면 트윈지 교수의 연구를 눈여겨볼 필요가 있다.

그러면 사람들은 과연 나의 셀카에 관심이 있을까? 결론부터 말하면 '보기 싫다'의 반응이 대다수다. 독일 뮌헨대학교 디펜바흐Dief´fenbach 교수 연구팀의 연구결과, 많은 사람들이 셀카를 찍지만 타인은 여기에 전혀 관심이 없거나 부정적으로 생각한다고 한다. 이러한 현상을 가리켜 연구팀은 '셀피 패러독스Selfie Paradox'라고 지칭했다. 사람들은 자기 사진을 열심히 찍어 올리면서도 타인이 올리는 셀피는 싫어하는 이중적인 태도를 보인다. 조사 대상자의 65%가 타인의 셀카에 부정적인 반응을 보였고, 자기 자랑의 의도가 분명히 드러나는 사진에는 더욱 큰 거부감을 나타냈다. 셀피를 올리는 사람은 타인들로부터 공감과 지지를 받고 싶어 하지만, 오히려 주변 사람들로부터 자기애가 강한 사람으로 보여 부정적 이미지를 줄 수 있다고 연구팀은 조언한다. 또한 연구팀은 셀피를 통해 타인으로부터 공감을 얻으려면 웃음을 불러일으키는 재미있는 사진이나 자연스러운 일상의 소소한 사진을 올리는 것이 좋다고 덧붙였다.

　SNS에 멋진 셀피 올리기 경쟁이 벌어지면서 '카페인 우울증'이라는 신조어가 등장하고 있다. 카페인은 '카카오스토리, 페이스북, 인스타그램'의 앞글자만 딴 것으로, 사람들이 SNS에 올린 다른 사람의 일상을 보면서 상대적 박탈감을 느껴 우울증에 빠진다는 것이다. 실제로 2014년 오스트리아 인스브루크 연구팀과 2015년 미국 미주리과학기술대학교 연구팀은 '소셜미디어를 오래 사용할수록 우울감을 더 느끼고 자존감도 한층 떨어진다'는 연구결과를 발표했다. SNS에서 서로 경쟁적으로 잘 사는 모습을 연출하기 위한 소위 '행복경쟁'이 나타난다는 것이다. 월세 자취방에 사는 20대 취업준비생이 하루 100만 원이 넘는 렌트 비용을 지불하면서 수억 원짜리 외제 슈퍼카에 탄 사진을 SNS에 올리는 것은 거짓을 진실로 믿는 병적 허언 상태인 '리플리 증후군'에 가깝다.

　SNS는 얼마든지 순기능이 많다. 정보공유와 사회관계 유지 등에 적절히 활용한다면 다양한 장점을 누릴 수 있다. 하지만 지나친 집착과 과도한 과시욕구가 이러한 좋은 점들을 모두 덮어버리는 것이다.

카페인 우울증 자가 진단

1. 소셜미디어에 접속하지 않으면 불안하다.

2. 가족이나 친구와 함께 있을 때도 수시로 확인한다.

3. 접속시간 줄이기에 매번 실패한다.

4. 음식을 먹을 때면 무조건 사진을 올리고 싶어진다.

5. 내가 올린 글에 피드백이 없으면 초조하다.

6. '좋아요' 수가 적으면 괜스레 우울하다.

7. 다른 사람의 글이나 사진을 보고 쉽게 잠들지 못한 적이 있다.

8. '예쁘다'는 이야기를 듣고 싶어 셀카를 하루 한 번 이상 찍는다.

9. 모르는 맛집이나 명소가 업로드되면 뒤처지는 느낌이다.

10. 음식점이나 여행지의 사진만 보고 일부러 찾아간 적이 많다.

• 1~3개: 정상

• 4~6개: 경미한 우울증

• 7개 이상: 우울증 의심

자료: 조선일보

만약 자신의 SNS 집착이 너무 강하다면 과감하게 소셜미디어를 중단해보는 것도 좋을 것이다. 다음에 나오는 '카페인 우울증' 테스트를 통해 자신의 현재 상태를 확인해보자.

혼행족을 위한
필수 앱

혼자서 여행을 하기 위해서는 만반의 준비를 해야 한다. 여행용품도 중요하지만 혼행을 좀 더 편리하고 안전하게 만들어주는 유용한 앱들이 있다. 알아두면 유용할 몇 가지 앱들을 소개한다.

분위기 있는 카메라 앱 - 아날로그 필름Analog Film

여행하고 남는 것은 사진밖에 없다고들 한다. '아날로그 필름' 앱은 필터를 이용해 여행 사진에 색다른 분위기를 연출할 수 있다. 아날로그 앱 시리즈는 도쿄, 부다페스트, 파리, 제주, 런던 등 다양하게 출시되어 있고, 시리즈별로 특유의 분위기가 있어서 원하는 느낌에 따라 골라 다운로드할 수 있다. 예를 들어, 영롱한 색감을 원한다면 아날로그 파리, 깔끔한 사진을 원한다면 아날로그 부다페스트, 자연스러운 느낌을 선호하는 사람들은 아날로그 도쿄를 다운로드해보자. 여행 사진의 느낌을 손쉽게 연출할 수 있어 많은 사람들이 이용하고 있다.

항공 숙박 검색 앱 - 스카이스캐너Sky Scanner

혼행은 패키지 여행과 달리 여행지 선정이나 일정 조율이 자유롭지만, 가장 기본이 되는 항공에서부터 숙박, 렌터카 등 여행의 모든 부분을 혼자 검색하고 예약해야 하는 수고로움이 있다. 스카이스캐너는 항공, 숙박, 렌터카까지 한 번에 비교하는 올인원 가격 비교 검색

앱이다. 다른 가격 비교 앱과 달리 항공편 가격비교를 직관적으로 보여주기 때문에 검색의 피로감이 적고 원하는 여정을 설정하면 실시간 가격변동을 알려줘 저렴한 요금 정보로 재빠르게 예약할 수 있도록 도와준다.

해외 안전여행 서비스 – 핫츠고HOTSGO

혼자 여행을 떠날 때 가장 큰 걱정은 예상치 못한 각종 사건과 사고일 것이다. 이에 대비해서 핫츠고 앱은 해외여행 시 안전과 관련된 걱정을 덜어준다. 핫츠고는 사용자의 실시간 위치를 파악해 여행자 주변의 위험정보를 안내한다. 긴급상황 발생 시에는 버튼 하나만 누르면 현지 도움 및 안내를 받을 수 있다. 위급 시 쉽게 이용할 수 있도록 사용자 주변의 대사관, 병원, 약국, 경찰서 등 주변 응급시설 위치안내도 제공한다. 핫츠고는 현재 30개국 69개 도시의 위험정보를 제공하고 있다.

아날로그 필름 시리즈

현지 언어를 바로 번역 – 구글번역기

즐거운 해외여행을 위해서는 언어 장벽이 없어야 한다. 문제 상황에서 말이 통하지 않는다면, 큰 문제가 발생할 수도 있다. 이런 경우를 대비해 해외여행을 갈 때에는 번역기 앱을 미리 준비하는 것이 좋다. 구글번역기 앱은 90개의 언어로 번역해주는 기능이 있다. 음성뿐만 아니라 카메라 스캔, 키보드, 필기를 통해서도 번역이 가능하며, 이동 중에는 오프라인으로 번역할 수 있어 별도로 인터넷 연결이 필요하지 않다.

현지에서 가이드가 필요할 때 – 마이 리얼 트립_{My Real Trip}

항공, 숙박 모두 예약했는데 잘 모르는 현지에서 가이드가 필요할 때 사용할 수 있는 앱이다. 혼자라서 편하기도 하지만 가끔은 동행이 그리울 때도 있고, 유적지나 박물관에서 가이드 설명을 듣는 관광객이 부러울 때도 있다. 마이 리얼 트립은 일반적인 가이드 프로그램과

구글번역기 앱

는 다르게 독특한 지역별 테마나 4~5일 걸리는 장기간 가이드까지 다양하게 준비되어 있다. 심지어 현지에 사는 한국인 가이드까지 예약이 가능해서 보다 편하게 여행을 즐길 수도 있다. 별다른 준비 없이 잠깐의 동행이라도 필요하다면 마이 리얼 트립을 사용해보자.

알뜰한 여행 가계부 앱 – 트라비 포켓 Trabee Pocket

여행에서 가장 중요한 것은 경비관리다. 특히 카드 사용이나 현금 인출이 어려운 해외에서 예산을 초과하면 여행 중 곤란하게 지낼 수밖에 없다. 여행가계부 트라비 포켓을 쓰면 예산 낭비를 막을 수 있다. 이 앱에서는 먼저 총 예산을 입력하면 나중에 사용한 경비를 기록하여 전체 예산에서 실시간으로 차감되고 남은 경비가 얼마인지 확인 가능하다. 사진과 메모 기능을 통해 구매 즉시 영수증을 찍어 첨부해서 정리할 수도 있다. 메모 기능을 활용하면 간단한 일기도 남길 수 있다.

혼행의
심리학

혼자 여행을 떠나려고 하면 어디로 가야 할지 고민이 될 때가 많다. 다음의 내용을 참고하면 여행지를 선정하는 데 도움이 될 것이다. 심리학자 김명철 박사는 저서『여행의 심리학』에서 자신의 성격 유형에

자료: blog.naver.com/90travel

트라비 포켓

따라 여행의 성격을 달리해야 한다고 이야기한다. 사람의 성격 유형
은 크게 개방성과 내외향성의 정도에 따라 분류 가능하다.

  심리학자 스탠리 플로그Stanley C. Plog는 내외향의 기준에 의거해서, 자
기 내면에 집중하는 내향적 여행자와 타인 및 환경에 관심을 갖는 외
향적 여행자로 분류했다. 에릭 코언Erik Cohen은 개방성 성향의 강도에
기반해서 친숙성을 중시하는 여행자와 새로운 지식과 경험을 추구하
는 여행자로 구분했다.

  내외향성은 심리적 에너지 수준의 차이로 발생하는 성격의 차이다.
외향적 성격을 가진 사람은 심리적 에너지 수준이 높아서 신경계가
각성된 상태를 선호한다. 반면, 내향인은 심리적 에너지 수준이 낮아
서 신경계가 흥분된 상태를 불편해한다. 외향인은 지루한 일상에서
탈출해 자극적인 경험과 육체적 활동, 새로운 사람들과의 인간관계

를 추구하는 여행이 어울리는 반면, 내향인은 평온함과 친밀한 소수의 사람과 맺는 사회적 관계를 추구하는 여행이 어울린다.

개방성은 새로운 사상, 지식, 아이디어, 가치, 행동 등에 열려 있는 정도를 의미하는 성격 특징이다. 개방성이 높은 사람은 낯선 것에 호기심을 보이며 새로운 경험과 지식을 추구한다. 반면, 개방성이 낮은 사람은 친숙한 것을 좋아한다. 이들은 해보지 않은 일, 먹어보지 않은 음식, 가보지 않은 낯선 곳의 위험성을 염려하고 거북해한다. 개방성이 낮은 여행자는 집과 가깝고, 문화적 차이가 적고, 안전하고 깨끗한 여행지를 찾아서 방문하면 만족스럽게 여행할 수 있다.

내외향성과 개방성을 조합하면 앞의 그림과 같이 사분면으로 그릴수 있다. 1사분면은 모험 추구 여행자로서 외향적이며 개방성이 높은사람이다. 이들은 문화적 차이가 크고 멀리 떨어진 곳에서의 흥미롭고 짜릿한 여행을 즐긴다. 2사분면은 경험 추구 여행자로서 내향적이고 개방성이 높은 사람이다. 이 사람들은 이국적인 문화 유적을 찾아다니며 성찰하기를 즐긴다. 3사분면은 안정 추구 여행자로서 내향적이고 개방성이 낮은 사람이다. 이 여행자 유형은 조용한 휴양지나 작은 마을에 장기간 머물면서 편안하고 아늑한 느낌을 받을 때 만족감을 느낀다. 4사분면은 감각 추구 여행자로서 외향적이고 개방성이 낮은 사람이다. 이 성향의 사람들은 친숙한 문화권이나 유명 관광지 리조트에서 흥미 있는 활동을 즐기고 친구들을 많이 만날수록 유쾌해하며 즐거워한다.

내외향성과 개방성을 혼자서 파악해볼 수 있는 간단한 자가 테스트

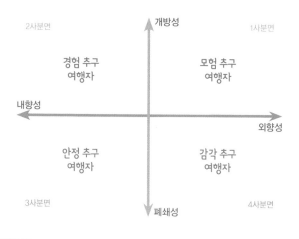

	여행자의 유형	

2사분면 | 개방성 | 1사분면

경험 추구
여행자

모험 추구
여행자

내향성 ←————————→ 외향성

안정 추구
여행자

감각 추구
여행자

3사분면 | 폐쇄성 | 4사분면

자료: 김명철, 『여행의 심리학』(2016)

가 있다. 루이스 골드버그Louis Goldberg가 만든 자가측정용 테스트다. 내
외향성 요인과 개방성 요인별로 체크한 점수를 합산해서 총점을 5로
나누어 평균을 구한다. 이것이 당신의 내외향성과 개방성 점수다. 내
외향성 점수가 3점보다 높으면 외향적이고, 개방성 점수가 3점보다
높으면 개방적일 가능성이 높다.

혼행이라고 해서 모두 같은 여행은 아니다. 다양한 특성의 여행이
존재하기 때문이다. 자신의 여행 심리 유형을 파악하고 여기에 어울
리는 혼행을 준비한다면 더욱 만족스러운 혼자만의 여행을 즐길 수
있을 것이다.

내외향성 개방성 자가 진단 테스트	
내외향성	**개방성**
A 조용한 – B 수다스러운	A 상상력 빈곤한 – B 상상력 풍부한
A 주장이 없는 – B 주장이 강한	A 창의적이지 않은 – B 창의적인
A 모험적이지 않은 – B 모험적인	A 호기심 없는 –B 호기심 많은
A 힘이 없는 – B 힘이 넘치는	A 사색적이지 않은 – B 사색적인
A 소심한 – B 대담한	A 세련되지 못한 – B 세련된

매우 A(1점), 조금 A(2점), 어느 쪽도 아니다(3점), 조금 B(4점), 매우 B(5점)

자료: 김명철, 『여행의 심리학』(2016)

07

1코노미 셀프 힐링

원래 라운지는 호텔이나 극장, 공항 같은 공공장소에서의 휴식 또는 만남의 장소를 의미한다. 여기에 –ing를 붙인 라운징은 시간과 공간 속에서 힐링하며 재충전하는 행위를 뜻한다.

1인 가구 소비자들은 혼자만의 시간과 공간, 물건 등을 적극적으로 소비하며 '나 홀로 라운징'을 즐긴다.

외로운 도시인을 위한
속마음 버스

외로운 도시 속에서 마음이 고독하고 가슴이 답답한 사람들을 위한 힐링 서비스가 등장했다. 바로 '속마음 버스'다. 속마음 버스는 '서울 시민 힐링 프로젝트'의 일환으로, 서울시와 카카오가 만나 사람들의 마음을 위로하는 서비스다. 이 버스를 타면 전문가의 안내 멘트에 따라 평소와 다른 규칙과 방법으로 상대방에게 속마음을 털어놓을 수 있다. 속마음 버스는 서울을 관광하듯 드라이브하며 속마음을 털어놓고 서로 위로받는 프로그램이다. 이 버스는 예약제로 운영되며 '경청'을 기본으로 한다. 버스는 매일 여의도역 2번 출구에서 출발한다. 다음은 속마음 버스 홈페이지에 소개된 내용이다.

> 소중한 사람과 마주앉아 속마음을 이야기하세요
>
> 살다 보면 꼭 하고 싶은 말을 못하는 경우가 많지요.
>
> 가까운 사람이나 깊이 사랑하는 사람들에게는 더 그렇습니다.
>
> 이 정도는 말 안 해도 이해해주겠지 하는 마음도 있고요.
>
> 속마음 버스는 살면서 놓치기 쉬운, 하지만 꼭 표현해야 하고 나눠야 하는 속마음을 마음껏 나누기 위해 태어났어요.
>
> 버스에 올라 서울의 야경 속을 달리며 일상을 떠나 어딘가로 여행하는 그

속마음 버스

느낌, 서로의 속마음에 온전히 귀 기울일 수 있는 시간!

우리들의 속마음이 반딧불이처럼, 반짝반짝 서울의 밤을 밝히는 기적을 만날지도 모르죠.

버스에는 두 팀만 탑승합니다.

공간이 분리되어 있어 서로에게 집중할 수 있어요.

속마음 버스를 이용할 시간적 여유가 없다면, 홈페이지를 이용해도 된다. 홈페이지에는 속마음을 서로에게 털어놓고 이야기할 수 있는 특별한 방법을 제시한다. 동영상, 음성 등을 그대로 따라하면 된다.

대화에 서툴고 상대방과 교감하고 소통할 수 있는 능력과 기술이 부족한 외로운 도시인을 위한 서비스다. 스스로 위로가 필요하다고 했던 취준생 L 모 씨는 탑승 후 "속마음 버스를 통해 너무나 큰 위로와 격려를 받아, 저 자신이 너무 소중한 사람이고, 앞으로 더 잘해낼 것이라는 마음을 갖게 됐습니다."라고 후기를 남기기도 했다.

스웨덴에서도 유사한 서비스가 등장했다. 스웨덴의 택시기업 스톡홀름은 고객 설문조사를 통해 사람들이 택시를 타는 동안 조용히 자신을 돌아보며 생각할 시간을 갖기 원한다는 것을 알게 됐다. 이에 아이디어를 얻어 손님들의 정신적 피로를 풀어주는 테라피 서비스인 택시 테라퓨테르나를 선보였다. 온라인에서 테라피스트를 예약하면 시간에 맞춰서 해당 테라피스트가 운행하는 택시에 탑승할 수 있다. 고객은 자신이 원하는 장소로 이동하는 동안에 테라피스트와 대화를 나누면서 상담을 받는다.

나를 위한 작은 위로, 마음약방

고단한 일상에 지친 현대인에게는 거창한 위로보다 가볍고 소소한 작은 위로가 오히려 힘이 될 때가 많다. 마음약방 자판기는 지친 사람들에게 작은 위로를 건넨다. 서울문화재단에서 운영하는 마음약방 자판기는 서울시 시민청 안에 1호점이 설치된 이후 반응이 좋아 서울

자료: 서울 시민청 포스트 '서울씨'

마음약방 자판기

대학로, 대구 등 여러 곳에 추가로 설치되고 있다.

마음약방 치료 항목은 △미래 막막증 △꿈 소멸증 △외톨이 바이러스 △노화자각 증상 △유행성 스마트폰 중독 △분노조절장치 실종 △인생낙오 증후군 △사람멀미증 △자존감 바닥 증후군 △예민성 경쟁 과다증 △월요병 말기 △습관성 만성피로 △의욕상실증 △현실 도피증 △후천적 실어증 △상실 후유증 △가족남남 신드롬 △마음요요현상 △급성 연애세포 소멸증 △긴장불안 증후군 등 20가지다. 각 증상들은 2014년 12월 서울 시민 849명을 대상으로 여론조사를 벌여 결정했다.

이용법은 간단하다. 500원을 자판기에 넣고 20가지 증상 중에서 하나를 고르면 된다. 자판기에서 선택한 증상에 따라 처방전이 발급된다. 일반적인 처방전과 달리 위로와 용기가 필요한 사람들에게 영화나 책을 추천하고 그림엽서를 선물하거나 요리 레시피를 처방하는 식이다. 예를 들어 '상실 후유증'을 선택하면 '엿 먹어라 세월'이란 문구로 포장된 엿이 나온다. '습관성 만성피로'에는 이철수 화백의 '윤왕자' 작품과 피로회복 드링크, 서울 그림지도 등이 처방된다. '미래 막막증' 처방에는 서울 전통시장 지도와 이철수 화백의 '잡초 인생', 사탕 등이 들어 있다. 이외에도 마음을 위로해주는 메모나 상실감을 치유할 수 있는 문화예술거리 지도가 포함된 패키지가 나오기도 한다.

사람들이 어떤 처방전을 구매했는지 살펴보면 마음속 어떤 부분을 힘들어하는지 알 수 있다. 서울문화재단에 따르면 2015년 2월부터 2016년 12월까지 마음약방 1호점에서 가장 많이 팔린 처방전은 다름 아닌 '미래 막막증'이었다. 이 처방전은 총 3,945개가 팔렸다. 치열한 경쟁 사회 속을 살아가는 사람들의 막막한 마음이 그대로 반영된 결과다. 이외에도 '의욕상실증'(3,873개), '급성 연애세포 소멸증'(3,791개), '월요병 말기'(3,762개), '분노조절장치 실종'(3,369개) 등이 많이 팔렸다. 이 기간 1호점에서만 판매된 처방전만 모두 6만 5,965개에 이른다고 하니 사람들이 얼마나 위로 받기를 원하는지 알 수 있다.

몸도 마음도 든든하게
채워주는 심야식당

"하루가 끝나고 사람들이 귀가를 서두를 무렵, 나의 하루는 시작된다. 메뉴는 이것뿐. 하지만 마음대로 주문하면 가능한 한 만들어주는 게 나의 영업 방침이야. 영업시간은 밤 12시부터 아침 7시 정도까지. 사람들은 이

만화 · 영화 『심야식당』

곳을 심야식당이라고 부르지. 손님이 오냐고? 그게 말이야 꽤 많이 온다고." – 일본 드라마 〈심야식당〉 중에서

외로운 사람들, 늦은 밤 허기를 달래주는 드라마 〈심야식당〉은 일본에서 잔잔한 반향을 일으켰다. 심야식당의 인기는 삭막한 도시생활에 외로움으로 지쳐 있는 사람들이 그만큼 많다는 것을 반증한다. 허기진 속과 맘을 부여잡고 혼밥 하는 사람들이 따스하게 위로받고 힐링할 수 있는 공간. 이것이 심야식당의 인기 비결이다. 드라마 〈심야식당〉의 작가 마나베 가츠히코(真辺克彦)도 "많은 사람이 경쟁이 치열한 소비사회에 지쳐 있다. 이들이 '심야식당' 같은 곳에 가서 위로받고 쉬고 싶은 마음 때문에 드라마와 영화가 인기가 있는 것 같다."고 해석했다.

〈심야식당〉은 우리나라에서도 드라마로 리메이크됐고, 실제로 밤부터 새벽까지 영업을 하는 심야식당이 많이 생겼다. 제주도의 심야식당 '종달리엔'은 누구보다 여행 중 '혼밥' 하러 온 손님을 반기는 식당이다. 식당 주인은 "혼자 오는 여행자끼리 말벗 삼으면 좋을 것 같아 인사시켜드리곤 해요. 밥 먹으면서 친해져서 나갈 땐 같이 여행다닐 거라고 하는 경우도 있어요."라며 혼밥 여행자를 위해 말동무나 길동무를 찾아주는 이벤트까지 열어 인스타그램에서 화제가 되기도 했다.

나만의 공간을 지키고 싶은
DD족

'Do not Disturb'의 약자인 DD족은 동아TV 〈트렌드 인사이트〉에서 소개된 신조어로 말 그대로 누군가에게 조금도 방해되거나 피해를 주는 것을 극도로 꺼리는 사람들을 지칭한다. 도시생활에서는 서로 부대끼면서 소음을 일으키거나 사생활을 방해하기 쉽다. 이러한 방해나 소음을 극도로 꺼리는 사람들이 바로 DD족이다. DD족은 언제 어디서나 자기만의 공간과 시간을 갖기를 원한다. 시끄러운 세상 속에서 자신만의 세계를 아무런 방해 없이 살고 싶어 한다.

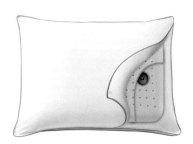

음소거 베개

시네마 침대

최근 DD족을 위한 베개가 등장하기도 했다. 바로 음소거 베개 SoftSound Pillow Speaker다. 혹시라도 자고 있는 사람이 깰까 봐 걱정돼 최대한 소리를 낮추거나 음소거를 한 채로 TV를 본 경험이 있을 것이다. 하지만 음소거 베개를 사용하면 그럴 필요 없이 한밤중에도 혼자서 TV를 볼 수 있다. 이 제품을 이용하면 시끄러운 블록버스터 영화를 보더라도 그 소리가 새어나갈 걱정이 없다. 소리가 베개 사용자에게만 들리기 때문이다. 같은 집이나 방을 쓰는 사람에게 방해되지 않고 즐길 수 있는 제품이다.

완벽한 나 홀로 라운징을 가능케 해주는 침대도 있다. 시네마 침대 Cinematic Sleep Sanctuary는 혼자만의 시간 속에서 침대에 누워서 편안하게 영화 한 편을 즐길 수 있게 해주는 아이디어 상품이다. 침대 자체에 프로젝터와 스크린을 내릴 수 있게 돼 있다.

조용함을 구매하는
사람들

소음 공해는 현대인의 대표적인 골칫거리다. 2013년 국민권익위원회 조사 결과에 의하면, 아파트 입주민 88퍼센트가 층간소음 스트레스를 호소하고 있다. 또한 서울시 전체 환경 민원 중 50퍼센트 이상이 공사장이나 도로 소음 문제에 관한 것이다. 지속적인 소음은 집중력과 기억력 저하, 우울증까지 일으킨다. 스웨덴 카롤린스카대학교 연구에 의하면, 소음이 허리둘레를 늘리는 데 영향을 줄 수 있다(4년간 소음 노출과 사람들의 허리둘레 관계; 10데시벨 증가할 때마다 허리 1센티미터 증가).

이런 소음공해를 피해 조용함을 추구하는 사람들을 허시hush족이라고 한다. 허시족은 조용함을 고급스러움의 가장 중요한 기준으로 삼는 사람들이다. 그들은 조용함을 등급화하기도 한다. 조용함의 정도

자료: quietmark.com

Quiet Mark 인증

의 상세한 차등화를 통해 시장을 세분화한다. 예전에는 조용해서 잘 팔리지 않았던 것들에게 기회가 주어지고 있다. 교통이 불편해도 한적한 곳이 중요한 셀링 포인트가 됐다. 최근 들어 골목길 열풍이 불고 있는 것도 복잡한 도심 속에서 숨은 보석 같은 한적한 골목길의 고요함을 즐기려는 사람들이 늘고 있기 때문이다.

조용함을 인증하는 마크도 생겨났다. 일명 '고요함 마크Quiet Mark'다. 영국의 소음저감협회NAS에서 조용함을 평가하고 마크를 준다. 이 마크를 획득하면 소음을 최소화한 제품으로 인정받은 것이다. 알람 시계, 푸드 믹서, 냉장고, 세탁기 등 가장 조용한 제품에 인증 마크를 부여하고 있다. 이외에도 자동차, 호텔, 사무실 등에도 인증 마크를 부여한다.

노이즈캔슬링, 소음을 완전히 제거하다

사람들은 외부 소음을 선택적으로 들을 수 있다. 칵테일파티 효과cocktail party effect는 파티 참석자가 시끄러운 주변 소음이 귀를 울리는 상황에도 불구하고 대화 상대방과 이야기를 할 수 있는 것을 말한다. 이는 사람이 자기가 듣기 원하는 소리를 선택적으로 받아들이는 능력이 있기 때문에 가능하다. 사람에게 이러한 선택적 주의, 선택적 지각 능력이 있음에도 불구하고 도시의 각종 소음은 종종 우리의 일상 생활을 방해한다.

지하철에서 헤드폰을 끼고 음악 감상을 하려면 집중이 쉽지 않다.

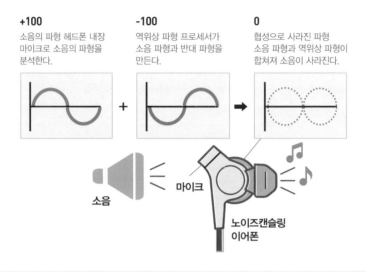

노이즈캔슬링 원리

+100
소음의 파형 헤드폰 내장
마이크로 소음의 파형을
분석한다.

-100
역위상 파형 프로세서가
소음 파형과 반대 파형을
만든다.

0
협성으로 사라진 파형
소음 파형과 역위상 파형이
합쳐져 소음이 사라진다.

소음
마이크
노이즈캔슬링
이어폰

자료: M25

헤드폰을 뚫고 "다음 역은 강남역입니다." 하는 안내방송이 소음처럼 들리기 때문이다. 비행기를 타도 마찬가지다. 이륙할 때에는 오히려 소음 속에서 음악이 들려온다는 느낌이다. 사람이 많은 거리를 다닐 때도 소란스러운 거리의 소음과 사람들의 대화 소리가 섞여버린다.

소음으로부터 거의 완벽하게 음악을 감상하고 싶다면, 노이즈캔슬링Noise Canceling 기능이 있는 헤드폰을 사용해보자. 주변 소음을 99퍼센트 가까이 차단해주는 기술을 탑재하고 있다. 원래 미 공군 비행기조종사를 위해 개발된 이 헤드폰의 원리는 의외로 간단하다. 헤드폰 외부에 주변 소음을 파악하는 마이크가 달려 있고, 이를 상쇄하는 신호

를 생성해 소음을 최대한
줄이는 것이다.

예를 들어, 소니SONY 사
의 노이즈캔슬링 헤드폰
은 상황별 모드를 지원하
기도 한다. 비행기 · 자동
차 · 사무실 등 3가지 모

자료: trendinsight.biz

SONO의 소리 선택 시스템

드가 자동으로 설정돼 있어 상황에 따라 최적화된 음악 감상이 가능
하다. 덴마크 자브라Jabra 사의 헤드폰은 심지어 노이즈캔슬링을 위한
마이크를 외부 소음을 더욱 선명하게 듣는 데 사용할 수도 있다. 그
럴 경우 사용자는 헤드폰을 쓰지 않은 상태와 유사한 정도로 주변 소
리를 들을 수 있게 된다. 주변에서 말을 걸어올 때 유용하게 사용될
수 있다.

이 기술은 헤드폰뿐만 아니라 차량에도 적용됐다. 특히 엔진 소음
이 심한 디젤 차량에 주로 장착되는데 유럽이나 일본에서는 매우 활
발하게 사용되고 있다. 우리나라에서는 QM6 차량에 적용됐다. 이 기
술의 적용 원리는 헤드폰의 기술과 유사하다. 엔진 주변에 장착된 마
이크에서 집음된 노이즈 데이터를 분석해서 반대 파장을 만들어내고
이를 실내로 유입해 상쇄시켜 주는 기술이다.

소음을 선택하는 기술도 등장하고 있다. 오스트레일리아 제품 디자
이너 루돌프 스테파니치Rudolf Stefanich의 소노SONO는 창문 밖 소리 중 원
하는 소리만 골라 들여보낸다. 소음 선택 시스템이 창문 표면에 생기

는 소리 전파 진동을 감지한 후, 사용자가 원하는 소리를 선택할 수 있도록 해주는 것이다. 특정 소리의 선택뿐 아니라 소음을 듣기 좋은 소리로 변환해주기도 한다.

돈이 되는 꿀잠,
슬리포노믹스

현대인들에게는 소음도 문제지만 늦은 밤까지 잠 못 드는 사람들이 늘고 있다. 문명은 발달했지만 불안이 일상화되고 있는 세상에서 편안하게 숙면하는 것도 쉽지 않은 것이다.

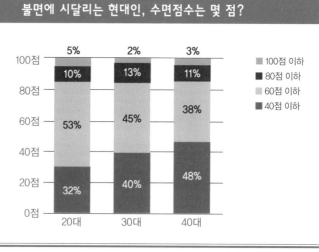

불면에 시달리는 현대인, 수면점수는 몇 점?

자료: 수면 건강 애플리케이션 슬립셋

그런 까닭에 수면Sleep과 경제학Economics의 합성어 '슬리포노믹스 sleeponomics'가 등장했다. 편안한 잠자리와 숙면을 원하는 현대인들의 니즈에 맞춘 상품과 서비스를 통칭하는 말이다.

수면 건강 애플리케이션의 통계를 보면 연령대에 상관없이 상당수 현대인들의 수면 점수는 높지 못하다. 그만큼 숙면을 취하지 못하는 사람들이 많아지고 있다는 것이다. 수면장애를 호소하는 사람들이 늘면서 수면 관련 용품과 서비스를 판매하는 수면시장 역시 확대되고 있다. 한국수면산업협회에 따르면 국내 수면시장 규모는 약 2조 원으로 추정된다. 미국의 수면시장이 20조 원, 일본이 6조 원인 것을 감안하면 향후 상승폭은 더욱 커질 것으로 전망된다.

슬리포노믹스 시장이 활성화되면서 숙면을 유도하는 다양한 제품과 서비스가 등장하고 있다. 홈쇼핑에서도 숙면을 위한 베개 제품이 베스트셀러 리스트에 오르기도 했다. 소리를 통해 숙면을 유도하는 사운드 스파Sound Spa도 있다. 소위 백색소음*이라고 하는 파도소리, 빗소리, 여름밤 풀벌레 우는 소리, 시냇물 흐르는 소리 등은 편안한 숙면을 유도한다. 숙면을 유도하는 다양한 사운드를 들려주는 애플리케이션부터 숙면에 빠져들게 하는 음악은 유튜브 인기 순위에서 상위를 차지하고 있다.

심신의 안정을 위해 백색소음을 듣고 싶어 하는 사람들의 심리는

---

* 넓은 주파수 대역 전체에 걸쳐서 나타나는 평탄한 소음으로, 특정한 청각 패턴을 갖지 않는다. 귀에 쉽게 익숙해지기 때문에 작업이나 일상에 방해가 되지 않고 주변 소음을 덮어주는 작용도 한다. 에어컨이나 공기청정기 등 각종 전기제품의 소음, 파도소리, 빗소리, 폭포소리 등이 이에 해당한다.

숙면유도 제품

ASMRAutonomous Sensory Meridian Response의 유행을 가져오기도 했다. ASMR
은 뇌를 자극해 심리적인 안정을 유도하는 영상이다. 사람들은 바
람 부는 소리, 연필로 글씨 쓰는 소리, 바스락거리는 소리 등을 들
으며 심신의 안정을 꾀한다. 편안한 힐링을 얻고자 하는 청취자들이
ASMR의 소리를 들으면 소위 팅글tingle(기분 좋게 소름 돋는 느낌)을 느낄
수 있다.

숙면을 유도하는 식음료도 인기를 모으고 있다. CJ제일제당은 북
유럽 사람들이 숙면을 위해 밤에 짠 우유인 '나이트 밀크'를 마신다
는 점에 착안해 수면을 위한 밀크파우더 제품을 출시했다. 녹차 브랜
드인 오설록은 캐모마일 등 숙면을 도와주는 허브들을 블렌딩해 수
면 유도 차를 출시하기도 했다. 삼성전자는 사용자의 수면 상태를 측
정·분석해 숙면을 취할 수 있도록 도와주는 센서제품 '슬립센스'를
공개하기도 했다. 사용자가 침대 매트리스 밑에 슬립센스를 넣어두
면 사용자의 맥박과 호흡을 분석하고 실내온도 등을 측정해 숙면을
도와주는 원리다.

자료: hammacher.com

트랜퀼리티 팟

트랜퀼리티 팟The Tranquility Pod 침대는 절대 수면을 위한 궁극의 제품이다. 이 침대에 누우면 기분 좋은 진동과 함께 몸을 편안하게 안정시키는 소리와 빛이 흘러나와 평온한 휴식 상태로 이끈다. 메모리폼 쿠션과 물침대 등으로 구성되어 있는데, 침대의 온도는 사용자의 선호에 따라 조절할 수 있다. 맥박 센서가 사용자의 심박수를 측정하고 내부의 LED 전구가 은은한 무드의 빛을 냄으로써 사용자의 마음을 진정시킨다.

디지털 디톡스
상품

현대인은 도시의 소음뿐만 아니라 디지털 기기의 홍수 속에 살고 있다. 디지털 기기들은 생활을 편리하게 하기도 하지만 정신적·육체적으로 피로감을 가중시킨다.

디지털 피로 증상은 일종의 만성 스트레스 증후군이다. 전자파와 액정 화면 불빛은 건강에도 좋지 않은 영향을 미친다. 여기에 디지털 기기를 장시간 사용하면서 생기는 거북목, 안구건조, 두통, 손목과 손가락 통증 등의 증상을 호소하는 사람들도 급증하고 있다. 첨단 IT 기기를 과다 사용하면서 생기는 디지털 치매 증후군도 문제되고 있다. 편리한 생활을 위해 각종 디지털 기기를 사용하고 있지만 과다한 사용으로 인해 몸과 마음은 더 피곤해지기 쉬워졌다.

자기도 모르게 디지털 환경에 둘러싸여 있는 이들을 위해 잠시나마 아날로그 환경에서 여유를 즐기게 해주는 디지털 디톡스Digital Detox 서비스가 주목받고 있다.

영국의 호텔 기업 마이호텔My Hotel 블룸즈베리는 전자파로부터 인체를 보호해주는 기기를 만드는 필하모닉스와 협업해 디지털 디톡스 패키지를 선보였다. 고객은 호텔에 묵는 동안 전자기기에서 벗어나 온전히 자신에게 집중하는 하루를 보낼 수 있다. 패키지는 총 4가지로, 어떤 의류에도 부착할 수 있는 전자파 차단 패치 바이오 태그와 일렉트로닷, 유기농 건강주스를 마실 수 있는 쿠폰, YWCA 체육센터 입장권, 하루 숙박권 등으로 구성되어 있다. 메리어트 르네상스 피츠버그 호텔은 디지털 디톡스 여행상품 '젠 앤 디 아트 오브 디톡스Zen & the Art of Detox'를 출시했다. 투숙객이 스마트폰, 태블릿 PC 등 디지털 기기를 맡기면 숙박료를 할인해주는 것이다. 대신 가족이나 친구들과 하는 보드게임이나 고전 도서 등을 제공하고 스파 치료, 카약 강습 등의 프로그램을 진행하기도 한다.

　디지털 디톡스 체험 과정도 선진국에서 다양하게 등장하고 있다. 미국 캘리포니아에서는 디지털 디톡스를 체험하는 '캠프 그라운디드 Camp Grounded'가 활발히 진행되고 있다. 캠프 참가자들은 디지털 기기를 집에 두고 참가해야 하다. 자연 속에서 뗏목을 만들거나 낚시 등을 하면서 시간을 보내는 프로그램이다. 캐나다에서도 '디지털 디톡스 주간'을 정해서 디지털 기기 사용을 자제하는 운동이 진행되고 있다. 국내에서는 경기도 양평군에서 '청소년 디지털 단식 캠프'가 시행되기도 했다. 강원도 홍천에 있는 '리조트 힐리언스 선마을'은 입구에 들어서자마자 전파차단 장치로 인해 스마트폰이 먹통이 된다. 객실에는 TV나 에어컨, 냉장고도 없다. 대신 명상과 트레킹 같은 프로그램을 통해 사람들이 자연 속에서 쉴 수 있도록 도와준다. 경기도 파주에 있는 게스트하우스 '지지향(종이의 고향)'에는 '이청준의 방', '고은의 방' 등 유명 작가의 이름을 딴 객실들이 있다. 이 방에는 TV 대신 책상이 놓여 있으며, 해당 작가의 사진, 저서 등도 비치돼 있다. 사람들이 디지털 기기를 사용하는 대신 책을 읽으며 쉴 수 있는 공간으로 특성화한 것이다.

오감 만족
나 홀로 라운징

『트렌드 코리아』 시리즈에서는 1인 가구 소비자들이 혼자만의 시간과 공간, 물건 등을 적극적으로 소비하는 '나 홀로 라운징alone with lounging' 키워드를 제시했다. 원래 라운지는 호텔이나 극장, 공항 같은 공공장소에서의 휴식 또는 만남의 장소를 의미한다. 여기에 '-ing'를 붙인 라운징은 혼자만의 시간과 공간 속에서 힐링하며 재충전하는 행위를 뜻한다.

　나 홀로 라운징하는 방법에는 여러 가지가 있지만 그중에서도 오감을 통해 심신의 안정을 주는 방식은 주목해볼 만하다. 특히 향과 색을 통해 마음을 치료하는 컬러테라피와 아로마테라피는 외로운 현대인의 마음을 치유하는 데 유용한 방식이다.

　컬러테라피(색채치료)는 색의 에너지와 특성을 심리치료에 활용해서 스트레스를 완화하고 활력을 키우는 정신 요법이다. 특히 미국에서는 컬러를 통한 다양한 치료 연구가 진행되고 있다. UCLA 의대 데이빗 히버David Hever 교수는 가시광선을 흡수하여 만들어진 식물의 색깔을 식물성 생리활성 영양소로 명명하고 이들 물질이 DNA를 손상시키는 활성 산소의 전자를 흡수해서 산소 손상으로부터 인체를 보호한다는 것을 밝혔다. 식물의 다양한 색상이 각각 인체에 서로 다른 영향을 미치기 때문에 다채로운 무지개색 음식으로 식사를 하는 것이 세포 안의 유전자를 보호하는 최적의 방법이라는 것이다. 잘 알려진 사례로, 1960년대 바젤대학교의 심리학 교수 로르샤흐_{Hermann Rorschach}는 73장의 색채카드를 사용한 성격검사인 로르샤흐 테스트를 개발했다. 로르샤흐 테스트는 감색·적색·황색·녹색의 4가지 색을 심리적 원색으로 분류하고, 자색·갈색·회색·흑색의 4가지 색은 보조색으로 분류한 뒤, 이 8개의 색을 통해 심리적·육체적 스트레스가 있는 부분을 판정하고, 테스트를 통해 정신적 질병의 징후를 조기에 발견할 수 있도록 했다.

컬러테라피에서는 수많은 컬러 중 자신에게 맞는 색을 찾아내고 활용해 심신의 균형과 안정을 찾아주는 것이 중요하다. 자신의 기분이나 몸의 상태에 따라서 그때그때 조명의 색상을 휴대폰으로 조절할 수 있도록 설계된 조명도 등장했다. 1인을 위해 맞춤화한 컬러테라피의 일종이다.

사람의 신체 중 가장 예민한 감각은 후각이다. 이러한 후각을 자극

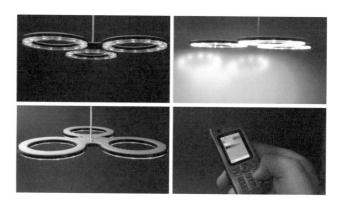

기분에 따라 색을 조절할 수 있는 조명

해 신체에 좋은 영향을 미치는 방법이 아로마테라피(향기치료)다. 아로마테라피는 후각과 촉각을 이용해 천연향을 체내로 흡수시키는 방식이다. 실제로 순식물의 향은 피로를 회복시키고 여러 질병을 치료하는 데 효과가 있다고 알려져 있다. 일반적으로 아로마테라피는 컬러테라피보다 많은 사람들에게 친숙하고 실제로도 많이 이용되고 있다. 이러한 가운데 색상과 향기를 결합한 힐링 방식이 이목을 끈다.

〈트랜드 인사이트〉에서는 컬러와 아로마를 결합해 개인별로 맞춤화된 향과 색을 제공하는 이른바 컬러로마테라피colororoma therapy, color+aroma에 주목한다. 컬러테라피와 아로마테라피를 함께 제공해 효과를 배가시킬 수 있기 때문이다. 예를 들어 빨강은 삶의 활력을 불어넣어주는 색으로 혈액 순환을 촉진시키며 피로 회복에 도움이 된다. 빨간색과 조화를 이루며 시너지를 만들어내는 아로마 오일에는 로즈, 재스민 등이 있다. 이처럼 유사한 효과가 나타나는 컬러와 아로마를 함께

등대 램프

사용함으로써 더욱 큰 효과를 거둘 수 있다.

　일본에서 만들어진 등대 모양을 한 램프는 이 두 가지를 한 번에 할 수 있는 좋은 아이템이다. 이 등대 램프는 빛이 나오는 부분이 등대처럼 돌아가며 다채로운 색상의 빛을 발하기 때문에 누구나 집에서 손쉽게 컬러로마테라피를 향유할 수 있다.

　하지만 컬러테라피와 아로마테라피를 위한 전문가 역시 필요하다. 소비자 개인별로 기분이나 건강 상태에 맞춘 색과 향을 전문가가 추천해준다면 더욱 프리미엄의 서비스를 제공할 수 있기 때문이다. 시각과 후각 등 우리 신체에서 민감한 부분을 적절하게 자극해준다면 스트레스에 지친 현대인들에게 휴식과 재충전의 기회를 줄 수 있을 것이다.

1평짜리 경제,
도심 속 안식처

항상 수면부족에 시달리며 과한 학습과 업무에 피곤한 사람들이 혼자만의 휴식공간을 찾고 있다. 경쟁이 치열한 우리나라에서는 번아웃증후군Burn-out Syndrome이 큰 문제가 되고 있다. 프로이덴버거Herbert Freudenberger가 「상담가들의 번아웃Burnout of Staffs」이라는 논문에서 약물중독자들을 상담하는 전문가들의 무기력함을 설명하기 위해 '번아웃'이라는 용어를 사용한 것에서 유래했다. 번아웃증후군은 다 불타서 없어진다burn out고 해서 소진(消盡)증후군, 연소(燃燒)증후군, 탈진(脫盡)증후군이라고도 한다.

실제로 우리나라 번아웃증후군의 사회적 증상은 심각하다. 2013년 12월 「매경 이코노미」가 여론조사업체 마크로밀엠브레인과 함께 직장인 1,000명을 대상으로 한 설문조사에서 직장인 862명이 번아웃증후군을 느낀다고 응답했을 정도로 우리나라의 피로지수는 심각한 수준이다. OECD의 2012년 조사에 의하면 한국인은 하루의 4분의 1 이상을 일하며 사는 것으로 나타났는데, 이는 OECD 국가 중 최고 수준이다. 노동시간에 비해 보상이 적은 것도 피로도가 가중되는 이유다. 강한 위계질서를 바탕으로 한 조직과 복잡한 대인관계가 번아웃증후군이 번지는 이유라는 해석도 있다. 경쟁이 심화되면서 피곤한 삶을 강요하는 한국 사회가 사람들을 번아웃으로 내몰고 있다는 것이다.

이런 이유로 독립된 작은 공간에서 휴식을 취하며 나 홀로 라운징하려는 사람들이 늘고 있다.

나만의 아지트에서 쉼을 얻다

솔로들을 위한 1평짜리 경제가 시작됐다. 나홀로족들이 각자 일할 곳, 놀 곳, 쉴 곳을 찾아 1평(3.3제곱미터) 남짓의 작은 공간으로 모여들고 있다. 비즈니스 공간부터, 공예작업, 공부할 공간 등 큰 비용을 들이지 않더라도 자신이 원하는 일이나 활동을 할 수 있는 공간들이 활성화되고 있다. 공간 비즈니스가 자리 잡으면서 소규모 사무실 임대업과 만화카페, 가상현실 체험, 맞춤형 독서실 등 공간을 판매하는

자료: nolsoop.co.kr, beoltoon.co.kr

만화카페 놀숲과 벌툰

이른바 '스페이스 비즈니스' 아이템이 주목받고 있다.

프랜차이즈 만화카페 '놀숲'에서는 손님들이 1평 남짓한 개인 공간에서 책을 읽거나 비치된 만화책을 읽을 수 있다. 만화카페 '벌툰'도 벌집 모양의 인테리어를 갖추고 다양한 먹을거리를 제공하며 나홀로족들에게 인기를 끌고 있다. 혼자만의 '공간'이 비즈니스의 주요한 키워드로 자리 잡은 것이다.

도심 속 오아시스, 낮잠카페

낮잠카페의 원조는 홍콩의 냅라운지nap lounge다. 호텔리어 출신인 데이비드 라우David Lau가 창업한 냅라운지는 비행기 일등석처럼 일자로 펼쳐진 의자, 깨끗한 시트와 담요, 그 외에 각종 편의시설을 제공한다. 공항 라운지와 호텔 비즈니스센터를 결합해 도심으로 옮겨온 형태다. 이곳은 충전시설과 와이파이WiFi까지 완벽하게 갖추고 있긴 하

자료: littlestepsasia.com

냅라운지

지만 기본 철칙은 '소음 금지', '전화 사용 금지'다. 잠깐이라도 혼자 쉴 수 있는 공간을 필요로 하는 직장인을 위한 냅라운지는 최소 15분, 최대 1시간 사용이 가능하다. 1시간에 1만 5,000~2만 원을 내야 할 정도로 비싼 편이다. 좌석 등급도 비행기처럼 비즈니스석과 일등석으로 나뉜다. 홍콩 직장인들은 비좁은 장소에서 바쁘게 일하며, 협소한 공간에서 식사를 하고 휴식을 취하기 때문에 혼자만의 공간을 찾는 사람들이 많아 비싼 가격에도 인기를 끌고 있다. 업무 강도가 높은 홍콩 직장인들에게는 도심 속 오아시스인 셈이다.

서울에서 낮잠카페 찾기

숲속 해먹 카페, '낮잠'

카페 '낮잠'에는 수많은 해먹(나무 등에 달아매는 그물, 천 등으로 된 침대)들이 설치돼 있어 저렴한 가격으로 해먹에서 잠을 자는 이색적인 경험을 할 수 있다. 누구나 간편하고 편안하게 이용할 수 있는 열린 공간이라 완벽한 방음이 되는 개인 수면실은 아니지만, 손님들의 편안한 휴식과 낮잠만을 목적으로 운영되기 때문에 휴식을 방해하는 그 어떠한 행위도 금지된다. 곳곳에 작은 화분이 있어 공기를 정화하고 숲 속에서 잠을 자는 것 같은 기분을 느낄 수 있다.

친환경 힐링 공간, 홍대 '미스터 힐링'

이곳에서는 전신 마사지 기계에 앉아 보디케어를 받을 수 있다. 산소발생기가 설치돼 있어서 쾌적한 공기를 마시면서 휴식을 취할 수 있다. 마사지 기계를 이용해 수면모드, 활력모드, 회복모드, 스트레칭모드 등 다양한 코스를 즐길 수 있어 마사지를 받으며 스르륵 잠이 들 수 있는 힐링 공간이다.

비행기 탑승 경험, '퍼스트클래스 힐링카페'

퍼스트클래스 힐링카페는 마치 비행기 안과 같은 인테리어가 독특

자료: blog.naver.com/nazzam8, thefirstclass.kr

낮잠카페 낮잠과 퍼스트클래스 힐링카페

하다. 비행기에 탑승하는 것과 마찬가지로 티켓을 발권해 라운지에서 대기한 후 입장이 가능하다. 비행기 내부와 똑같은 객실로 들어가면 직원의 안내에 따라 안마 코스 중 취향에 맞는 코스를 골라 안마를 받을 수 있다. 특이한 것은 눈안마기를 통해 컴퓨터 작업에 지친 눈에 휴식을 줄 수 있다는 점이다.

영화관에서 시에스타를……

피곤한 직장인들이 많아지면서 이제 낮잠을 잘 수 있는 영화관도 생겨나고 있다. CJ CGV는 예매율이 상대적으로 낮은 낮시간대의 좌석을 활용해 잠자리를 제공하는 '시에스타' 서비스를 시작했다. 스페인어로 낮잠을 뜻하는 단어인 시에스타는 스페인을 포함해 이탈리아, 그리스 등의 지중해 국가에서 뜨거운 오후를 피해 만들어진 전통

자료: CGV

CGV의 시에스타 서비스

혼자만의 공간에서 즐기는 낮잠은 이런 번아웃증후군을 줄이고 정신을 맑게 하는 데 얼마나 도움이 될까. 실제 실험에서 보통 10~20분 낮잠을 자면 몽롱한 정신을 깨우고 활력을 불어넣을 수 있다는 것이 증명되었다. 2012년 저널 『학습과 기억의 신경생물학』에 실린 기억력 테스트 실험을 보면 가벼운 낮잠을 잔 그룹이 월등히 높은 점수를 기록한 것을 확인할 수 있다. 60분 정도의 잠은 얕은 잠 이후 서파slow wave 수면이 연결되면서 기억의 응고화memory consolidation에 매우 도움이 된다는 사실이 밝혀진 것이다.

이다. 월요일부터 목요일까지 오전 11시 30분부터 오후 1시까지 30분 동안 이용하고 가격은 1만 원이다. 낮잠 자는 동안에 필요한 헛개수, 귀마개, 안대 등이 제공된다. 시트도 편안하게 180도까지 눕힐 수 있으며 쿠션감이 뛰어난 프리미엄 리클라이너 좌석이다. 상영관 전체는 잔잔한 음악과 함께 아로마 향기가 은은하게 퍼지고 작은 촛불만 남고 조명이 꺼진다.

이색 독서 공간

혼자서 조용히 책을 읽고 싶다면 이 공간을 주목해야 한다. '북 앤 베드 도쿄Book and Bed Tokyo'는 호스텔과 독서공간을 겸하고 있다. 일반적인 북카페와 다른 점은 책을 읽다가 그대로 잘 수 있게 만들었다는 것이다. 좁은 아지트 같은 공간에서 조용히 책을 읽다가 잠이 드

자료: bookandbedtokyo.com, www.facebook.com/dreamtop123

북앤드베드와 책맥 서점 꿈꾸는 옥탑(왼쪽부터)

는 콘셉트다. 2,000권에 가까운 책 선반 사이사이에 동굴 같은 침대 공간이 있다. 기차 침대칸을 닮았다. 여기저기 한두 개가 아니라 무려 서른 개의 공간이다. 주요 고객은 자신만의 공간에서 아무 방해도 받지 않고 혼자만의 밀도 있는 시간을 보내고자 하는 사람들이다. 내부는 따뜻한 색상의 나무 소재 책장이 늘어서 있어 아늑하다. 이곳은 밀려드는 손님으로 인해 두 달 전에 예약해야 갈 수 있을 정도라고 한다.

우리나라에도 혼자서 책을 읽을 수 있는 이색공간들이 다양해지고 있다. 대표적인 공간이 '책맥'이다. 말 그대로 책을 읽으면서 가볍게 와인이나 맥주를 마실 수 있는 책방이다. 책맥 '북티크'는 독서 모임도 자주 열리고 있어서, 책에 관심 있는 사람들이 서로 이야기를 나눌 수 있다. 술을 마셔 취기가 올라오니 어려운 책보다는 가볍게 시나 소설을 읽는 것이 어울릴 것이다. 동네서점의 부활과 함께 편안하게 술 한잔하면서 책을 읽는 문화가 확산되고 있다.

출처: 호텔스컴바인 네이버 포스트

일본 오사카의 캡슐호텔들

아늑함이 주는 편안함, 캡슐호텔

일본에서는 좁은 공간을 활용하는 캡슐호텔들이 나홀로족들의 휴게 공간으로 인기를 모으고 있다. 캡슐이라고 할 만큼 비좁은 공간이지만 남의 시선을 신경 쓸 필요 없이 편안하게 자신만의 공간에서 휴식을 취할 수 있다. 이러한 시설은 답답할 것 같지만 아늑한 느낌 때문에 의외로 편안하게 쉬었다는 숙박 후기가 많다.

좁은 공간에서 느끼는 편안함은 '요나콤플렉스Jonah complex'로 설명된다. 프랑스의 과학철학자인 가스통 바슐라르Gaston Bachelard는 그의 저서 『공간의 시학La Poetique De L'Espace』에서 요나콤플렉스를 언급했다. 요나는 성경에 나오는 인물로 물고기 뱃속에 삼켜졌다가 3일 밤낮을 지내고 살아나온 인물이다. 물고기 뱃속에서 다시 태어난 요나 이야기처럼, 요나콤플렉스는 어머니의 태반 속에 있을 때의 안정감을 그리워하며 감싸인 듯 작고 내밀한 공간에서 오히려 편안함과 안정감을 느낀다는 것이다. 부드럽고 따뜻하며 고요한 모태로의 회귀본능을 의미한다.

나홀로족이 캡슐호텔을 찾는 이유도 조용하고 내밀한 공간에서 어머니의 품 안에서 느꼈던 근원적 편안함과 안정감을 느끼기 위해서일 것이다.

우리나라에서 힐링 트렌드 시장이 성장하고 있는 것은 그만큼 한국인의 정신건강이 양호하지 않다는 반증이다. 2015년 통계청이 발표한 '2015년 한국의 사회동향'에 따르면 한국인의 우울감 경험률은 13.2퍼센트로 미국, 독일, 일본 등 29개 선진국 중에서 가장 높았다. 한국인의 자신감 상실 경험률도 11.1퍼센트에 달해 일본(12.0퍼센트) 다음으로 가장 높았다. 또한 UN 지속가능위원회가 2010~2012년 세계 158개국의 행복지수를 측정한 결과 우리나라는 5.98로 세계 47위에 불과했다. 2017년 보건복지부의 정신질환실태 역학조사에서도 17개 정신질환에 대해 조사된 정신질환 유병률은 25.4퍼센트로 4명 중 1명은 우울증 등의 정신질환을 겪고 있는 것으로 나타났다. 심지어 성인의 15.4퍼센트는 평생 한 번 이상 심각하게 자살을 생각했을 정도로 한국인의 정신건강 수준은 위험하다.

이와 같이 정신건강에 위기가 찾아온 한국인들을 위한 다양한 대책이 요구된다. 공공 영역에서는 심리 카운슬링 서비스와 정신건강 지원 대책이 마련되어야 할 것이고, 기업에서도 번아웃된 직장인들에게 휴식과 힐링을 제공할 수 있는 상품과 서비스를 고민해야 할 것이다.

CHAPTER

08

1코노미 디지털 노마드

디지털 노마드족은 여행을 다니면서 일하는 것에 익숙하다. 트렁크나 배낭을 메고 여행을 다니면서 일을 하기도 한다. 이들은 디지털 기기가 있고, 인터넷 연결만 가능하다면 어디서든 업무를 볼 수 있는 사람들이다. 이들은 일을 하면서도 충분히 쉬고 있다는 느낌을 원하며, 일상과 삶에서 놓치기 쉬운 소중한 것들을 얻고 싶어서 이러한 삶을 선택하는 경우가 많다.

내가 있는 곳이
사무실이 된다

'디지털 노마드'라는 용어는 프랑스 경제학자 자크 아탈리Jacques Attali
가 그의 저서 『21세기 사전』에서 처음 소개했다. 이후 2007년 티모
시 페리스Timothy Ferriss의 책 『4시간』을 통해 디지털 노마드 논의가 재
점화됐다. 디지털 노마드의 핵심 키워드는 '장소로부터의 해방location
independency'이다. 모바일과 SNS의 사용이 일반화되면서 디지털 노마드
는 젊은이들 사이에서 새로운 라이프스타일로 부상하고 있다.

　디지털 노마드는 인터넷과 디지털 기기, 작업 공간만 있으면 시간
과 장소에 얽매이지 않고 일하는 IT 유목민을 가리킨다. 1인 가구가
점차 증가하면서 1인 창업 혹은 전문 프리랜서가 증가하는 추세다.
집이든 카페든 내가 편안한 장소에서 모바일 기기만 있으면 언제든
업무의 협력이 가능하다.

　디지털 노마드족이 많아지면서 '카공족(카페공부족)', '코피스coffee족
(coffee+office 카페를 사무실처럼 이용하는 사람들)' 등의 신조어가 생겼다.
이들은 카페에 필요한 디지털 기기를 들고 가 공부나 작업을 한다.
그렇다 보니 그들은 카페에 가면 충전을 위한 콘센트가 어디 있는지
부터 찾는다. 그래서 '콘센트 좀비', '콘센트 노예'라는 별칭이 붙기도
했다.

그들의 이런 수고를 덜어주기 위해 나온 제품이 '윈도 소켓window socket'이다. 윈도 소켓은 태양열을 이용해 어디서든 충전이 가능하다. 제품이 태양열을 흡입하여 전기로 변환하고 흐린 날은 내부에 저장되어 있는 에너지를 사용할 수 있다. 에너지 하베스팅energy harvesting* 기술은 다양한 형태로 디지털 유목민들에게 유용하게 사용될 수 있을 것이다.

언제 어디서든 자유롭게 일할 수 있는 환경을 만들어주는 유용한 상품도 등장했다. 디지털 노마드족을 위한 다기능 배낭은 자체적으로 태양광 배터리 발전 시스템과 블루투스 스피커, 도난방지 자물쇠를 갖추고 있다. 잠시 나갔다 올 때도 탁자나 의자에 와이어를 연결해 도난을 방지할 수 있다.

자료: yankodesign.com, kickstarter.com

디지털 노마드를 위한 윈도 소켓과 배낭

---

* 일상적으로 버려지거나 사용되지 않는 작은 에너지를 수집하여 사용 가능한 전기 에너지로 변환하는 기술로, 신재생 에너지의 원천 기술로 주목받고 있다. 에너지 하베스팅은 신체의 움직임을 통해 발생하는 체온, 운동에너지, 태양광에너지, 방송이나 휴대전화 등의 전자파에너지 등을 사용한다.

당신이 사랑하는
일을 하라

디지털 노마드족은 언제 어디서나 작업하고 일할 수 있는 공간과 시스템을 갖길 원한다. 미국 샌프란시스코에서 운행하는 버스 '라이드 리프Rideleap'에서는 디지털 노마드족이 여유롭게 출퇴근을 하며 카페처럼 편안한 좌석에서 식사를 제공받을 수 있다. 나홀로족들이 출퇴근 시간에 식사를 할 수 있도록 배려한 것이다.

디지털 노마드족은 여행을 다니면서 일하는 것에 익숙하다. 트렁크나 배낭을 메고 여행을 다니면서 일을 하기도 한다. 이들은 디지털 기기가 있고, 인터넷 연결만 가능하다면 어디서든 업무를 볼 수 있는 사람들이다. 이들은 일을 하면서도 충분히 쉬고 있다는 느낌을 원하며, 일상과 삶에서 놓치기 쉬운 소중한 것들을 얻고 싶어서 이러한 삶을 선택하는 경우가 많다. 이들에게 가장 중요한 모토는 '네가 사랑

자료: rideleap.com 영상 캡처

미국 샌프란시스코의 라이드리프

하는 일을 하라Tu was du liebst'이다.

디지털 노마드족이 현실화된 이유는 디지털·IT 기술의 진보로 인해 '원격근무remote work'가 가능해졌기 때문이다. 생산성 측면에서도 디지털 노마드가 우수하다는 것이 증명되고 있다. 9개월간 나스닥 상장사에서 일해온 직원 1만 6,000명을 대상으로 실시한 설문에 의하면, 원격근무자들의 생산성이 사무실 근무자보다 13퍼센트 높은 것으로 나타났다.

디지털 노마드의 증가는 4차 산업혁명이 만들어내는 일자리 지도의 지각변동과 맞물려 있다. 미국 경제 전문 매체 「퀴츠Quartz」의 보도에 의하면 2020년까지 미국 노동인구의 40퍼센트가 프리랜서가 될 것이라고 예측한다. 기술의 급격한 발전으로 인해 일자리는 파편화되고 일반적인 직장인들의 많은 업무가 로봇이나 인공지능에 의해 대체되면서 한 사람이 평생 정규직으로 일하는 현재와 같은 시스템은 붕괴될 가능성이 크다. 그래서 디지털 노마드족은 '알고리즘 노동자*'처럼 시대의 변화에 따라 우리가 주목해야 할 새로운 노동 형태로 자리 잡게 될 가능성이 높다.

디지털 노마드의 노동과 여가 형태는 일반적인 직장인과는 사뭇 다르다. 먼저 직장이라는 물리적 장소에 속박될 필요가 없기 때문에 먼 외국에서도 업무를 볼 수 있다. 일본 도쿄에 방문해서 오전에는 일을

---

* O2O서비스 플랫폼을 통해 고용되는 단기 노동자를 가리킨다. 각종 프리랜서들이 '태스크래빗(TaskRabbit)' 같은 심부름 인력을 섭외해주는 O2O앱 업체나 '업워크(Upwork)'같이 프리랜스 중개 플랫폼을 통해 초단기로 수요자와 노동자가 연결되는 형태를 가리킨다.

자료: hackerparadise.org

디지털 노마드 커뮤니티 '해커 파라다이스'

하고 오후에는 배낭을 메고 도쿄 시내 관광지를 거닐며 새로운 사람들을 만날 수 있는 것이다.

디지털 노마드들에게 유용한 정보를 제공하는 사이트도 등장했다. 이 사이트에는 디지털 노마드가 되고 싶은 사람들에게 저렴한 항공권을 구입하는 방법, 블로그나 온라인 숍 개설방법, 해외보험사 선정, 도난이나 사고로부터 보호받는 방법 등 실질적으로 필요한 정보가 담겨 있으며, 디지털 노마드를 위한 툴tool이나 블로그, 커뮤니티, 팟캐스트podcast 등에 대해 안내한다.

일터를 공유하는
코워킹 스페이스

"로비에 들어서면 음악이 흘러나온다. 커피는 물론 맥주도 언제든지 자유롭게 따라 마실 수 있다. 한쪽에는 '푸스볼(테이블 축구)'을 즐기는 사람들이 있고 다른 한쪽에는 귀에 이어폰을 꽂은 채 노트북을 펼치고 업무를 보는 사람도 있다."

스타트업의 업무 공간으로 각광받고 있는 '코워킹 스페이스co-working space'의 모습이다. 해외 스타트업의 원조 '위워크'를 필두로 한국에서도 서울을 중심으로 코워킹 스페이스가 생기기 시작했다.

코워킹 스페이스의 원조는 이스라엘의 후츠파Chutzpah 정신에서 찾을 수 있다. '후츠파'란 용기, 도전 등 창조를 향한 저돌적인 성향을 뜻한다. 이러한 정신이 잘 깃든 곳이 이스라엘 텔아비브의 '더 라이브러리 The Library'라는 도서관이다. 이곳은 세상에서 가장 시끄러운 도서관이자, 이스라엘 스타트업의 산실이다. 더 라이브러리는 코워킹 스페이스와 창업교육, 창업지원센터 역할을 겸하는 장소로서, 늘 예비 창업자들로 북적거린다. 학교의 수업 시간은 물론 실제 학교 도서관에서도 열정적으로 묻고 토론하는 이스라엘의 분위기가 고스란히 반영됐다.

코워킹 스페이스에는 업무에 필요한 기자재가 모두 갖춰져 있다. 계약도 단기로 가능하다. 보통 스타트업이 사무실을 구하기 위해서는 연 단위로 계약을 맺어야 하고 기자재 구입이 비싸 창업자들에게는 부담이 크다. 하지만 코워킹 스페이스는 '밀레니얼세대*'를 타깃으로 한다. 이들은 독서실보다 스타벅스에서 일하고 공부하는 것이 편

---

* 1980년대 초부터 2000년대 초까지 태어난 세대로, 어린 시절부터 인터넷, 모바일, SNS 등의 IT에 능통하다. 대학진학률이 높은 편이지만 2007년 금융 위기를 거치면서 고용 감소, 일자리 질 저하 등으로 어려움을 겪었으며 대학 학자금 부담도 안고 있다. 이 때문에 결혼도 미루고 집을 장만하는 것에도 큰 관심이 없는 경우가 많다.

자료: 패스트 파이브

패스트 파이브

하고, 사무실에만 계속 앉아 있기보다는 동료들과 자유롭게 토론하며 일하는 것을 좋아한다.

부산에 문을 연 '패스파인더'는 자본이 부족한 청년창업자들을 위한 코워킹 스페이스다. 보다 저렴한 가격에 편안하게 대화하고 이야기하면서 다른 창업자들과 네트워킹도 가능하다. 패스파인더의 사용 규칙은 다음과 같이 단순하다.

- 카운터 코인박스에 하루 이용료(5,000원)를 넣는다.
- 그 옆에 있는 PATH 태그에 본인을 표현하는 글을 적는다.
- 편한 자리를 잡아 앉는다.
- 공간 이용 시 편하게 대화하거나 통화해도 된다.
- 커피나 차는 무료. 단, 캔 음료는 코인박스에 해당 금액을 넣을 것.

- 회의실은 태블릿으로 예약 후 사용.
- 컵은 사용 후 헹굴 것.
- 사용 가능 시간은 오전 10시에서 오후 10시까지.

 이러한 코워킹 스페이스는 최신 트렌드에 맞춘 인테리어를 갖추고 사무공간보다는 함께 토론하고 즐길 수 있는 라운지에 더 집중했다. 아이디어는 많지만 사업 경험이 부족한 스타트업들을 위해 상표권 등록, 세무, 회계, 계약서 작성 등 사업을 위한 기본 교육도 해준다. 뿐만 아니라 입주한 스타트업 간의 네트워킹도 주선해 새로운 사업기회를 찾을 수 있도록 도와준다. 실제로 젊은 창업자들은 알아서 친해지다가 회사를 합치거나 협업하는 사례도 많다. 위워크는 창업 6년 만에 160억 달러의 가치를 가진 기업으로 성장했다.

 2016년 위워크가 한국에 진출한 이후 국내에서도 코워킹 스페이스가 빠르게 성장하고 있다. '패스트파이브'는 강남에 공유 오피스 6개 지점을 운영하고 있다. '스파크플러스'도 역삼역 근처에 1호점을 냈는데 인기가 높아지자 인근에 5층짜리 건물을 통째로 빌려 2호점을 냈다. 시장이 급성장하자 대기업도 진출하고 있다. 현대카드는 강남역 위워크 바로 옆에 공유 오피스 '스튜디오 블랙'을 열었다.

 코워킹 스페이스를 단순히 공간을 빌려주는 임대업에 국한해서 생각해서는 안된다. 스타트업 비즈니스 생태계에 대한 철저한 이해가 있어야 하며, 디지털 노마드족인 밀레니얼세대의 사회적 네트워킹의 욕구를 충족시키고, 비즈니스를 위한 환경적·물리적·사회적 편의를 제공하는 것이 무엇보다 중요하다는 것을 잊지 말아야 한다.

퍼스널
모빌리티

디지털 노마드 세대에게 필요한 것은 무엇보다 기동성이다. 도시생활에서의 원활한 업무를 위해서는 무엇보다 신속한 이동이 필요하기 때문이다. 퍼스널 모빌리티는 1인 가구 사람들이 집 근처로 나가거나 도심 내 출퇴근에 사용하기에 매우 적합한 이동수단이다.

현대의 도시들은 수많은 자동차로 인한 교통대란, 주차공간 부족 등의 문제로 골머리를 앓고 있다. 자동차로 인해서 발생하는 환경오염의 문제도 심각하다. 테슬라TESLA 등의 기존 전기자동차에서 한 단계 더 나아가 철저히 개인화된 새로운 전기자동차 시장을 주목해야 한다. 초소형 전기자동차는 1인승 혹은 2인승으로 구성돼 기존의 자동차보다는 훨씬 더 작은 크기, 심지어는 오토바이를 연상하는 디자인이다.

초소형 전기자동차는 현재 하나의 주차 칸에 최대 세 대까지 주차할 수 있는 크기다. 오토바이와 비슷한 크기와 활용성을 가지고 있지만 탑승 시에 전신이 노출되는 오토바이와 달리 자동차처럼 신체를 보호할 수 있고 3~4개의 바퀴가 달려 있어 운전도 쉽다. 이러한 초소형 자동차들은 일반적으로 배터리를 운전석 아래에 장착해 무게중심

자료: 도요타

초소형 전기자동차

이 낮게 설계되어 있으며, 안전벨트, 에어백 등의 안전장치까지 완비되어 있어서 오토바이와는 비교할 수 없는 안전성을 자랑한다. 배터리도 가정용 220V에 충전 가능하다.

이러한 초소형 전기차들은 관련 법령이 정비되면서 빠르게 상용화될 것으로 전망된다. 국토교통부는 초소형 전기차를 경형 승용차로 분류했고, 르노삼성의 트위지Twizy 같은 차량이 외국의 안전성능 기준을 충족할 경우, 국내 도로에서도 운행이 가능해질 것이다. 국내에 정식 판매되면 전기자동차로 분류돼 500만 원 정도의 보조금이 지원되고, 1,000만 원대 또는 그 이하로 판매될 것으로 예상된다. 배터리 가격은 계속해서 낮아지고 있기 때문에 가격적으로 더 유리해질 전망이다. 이미 유럽에서 트위지는 2만 대 가까이 판매됐을 정도로 인기를 끌고 있다.

가벼운 이동을 위한 퍼스널 모빌리티 디바이스Personal Mobility Device 시장 전망도 밝다. 퍼스널 모빌리티 디바이스란 세그웨이segway, 나인봇ninebot과 같이 여러 사람이 아닌 혼자서 타고 다니는 기구를 통칭한다.

자료: segway.com

퍼스널 모빌리티 세그웨이

전자제품에 이어 이동수단도 개인화 시대를 맞고 있어 퍼스널 모빌리티는 활용이 크게 증가하고 있다.

퍼스널 모빌리티가 확산될 수 있는 든든한 기반은 무엇보다 1인 가구의 증가다. 가족이 있는 가장에게는 레저 수단에 불과할 수 있지만 혼자 사는 1인 가구에게는 충분히 교통수단이 될 수 있다. 크기가 작은 퍼스널 모빌리티는 버스나 지하철에 들고 탈 수도 있어 지하철역 등 대중교통으로의 연계 교통수단이 될 수 있다. 간혹 자동차가 필요할 경우에는 공유 자동차를 활용하면 되기 때문에 퍼스널 모빌리티의 이용가치는 앞으로 더욱 높아질 것이다.

지난 2012년 설립된 중국의 나인봇은 세그웨이를 모방한 제품을 절반 이하의 가격에 내놓으며 시장의 좋은 반응을 얻었다. 가성비를 대폭 개선한 중국 업체들의 제품이 퍼스널 모빌리티 시장의 주인공으로 떠오르고 있다. 무엇보다 퍼스널 모빌리티는 자기표현의 특성이 강하기 때문에 감성적인 측면이 중요하다. 스몰럭셔리의 대표적인 상품으로 감성을 입은 프리미엄 제품이라면 고객들에게 충분히 어필할 수 있을 것이다.

레저 수단을 넘어선 실용적 관점에서의 퍼스널 모빌리티는 장거리를 가기 어렵고 안전하지 않다는 단점도 갖고 있다. 그러나 사고를 예방하는 액티브 세이프티active safety 장치들이 도입되고, 저속 차선 등 제도적 장치가 보완된다면 퍼스널 모빌리티의 단점은 줄어들고 전반적 가치는 높아질 것으로 전망된다.

국내 퍼스널 모빌리티족은 2014년만 해도 수백 명에 불과했지만 2016년에는 3만 명을 넘어선 것으로 추정된다. 세계 최대 퍼스널 모빌리티 제조업체인 중국 나인봇 제품만 지난해부터 최소 1만 5,000대가 팔렸다. 젊은 층을 중심으로 전동휠이나 전동킥보드의 인기가 치솟고 있지만 국내에선 퍼스널 모빌리티를 타는 것 자체가 불법이다. 우리나라의 제도와 법령이 제대로 갖추어지지 못했기 때문이다. 일본은 퍼스널 모빌리티 이용자를 위한 법제를 마련했고, 일본 주요 공원들도 주행허용 구역으로 지정했다. 독일도 퍼스널 모빌리티를 전기 보조이동수단으로 분류했다. 핀란드도 25km 이하의 세그웨이를 자전거로 정의하고 인도로 다닐 수 있도록 했다. 중국을 중심으로 빠르게 확산되는 퍼스널 모빌리티 산업의 발전을 위해서도 하루빨리 규제를 철폐하고 제도를 정비해야 할 것이다.

개인 이동수단의
미래

현재의 자동차산업은 큰 격변기를 맞이하고 있다. 미국의 싱크탱크 리싱크X Rethink X는 최근 발간한 보고서에서 2030년이 되면 공유형 자율주행 전기차가 미국 자동차 주행거리의 95퍼센트를 차지할 것으로 전망했다. 이에 따라 자동차산업이 13년 후에는 70퍼센트 축소될 것이라는 충격적인 예언이다. 결국 120년의 역사를 가진 자동차와 운송 사업의 내연기관은 종말을 맞이하고 세계의 에너지경제가 재편된다는 것이다. 자동차 공유소비 문화의 확산과 전기자동차 등의 대체에너지로의 전환은 궁극적으로 자동차산업을 완전히 새로운 지형으로 바꾸게 될 가능성이 높다.

서울을 오가는 차량 중 상당수가 나 홀로 차량이다. 실제로 2017년 6월에 남산 1, 3호 터널 통행 자동차를 분석해보니 '나 홀로 차량'이 55퍼센트나 차지하고 있었다. 환경보호나 에너지절약의 측면에서도 큰 낭비가 아닐 수 없다. 나홀로족이 혼자서 이동해야 할 일이 많아지고 있는 상황에서 좀 더 효율적이고 편리한 방법은 없을까? 핀란드의 대중교통 체계 변혁 실험은 이러한 문제의 대안으로 삼을 수 있다.

핀란드는 교통 분야에서 미래지향적 실험을 하고 있다. 윔Whim 프로젝트라고 불리는 이 시스템은 자가용 자동차를 운행하는 것보다 훨씬 저렴하고 편리한 교통시스템을 구축하는 것이다. 이 시스템이 제대로 안착되면 개인들은 굳이 큰돈을 들여 차를 구매하거나 손수 운

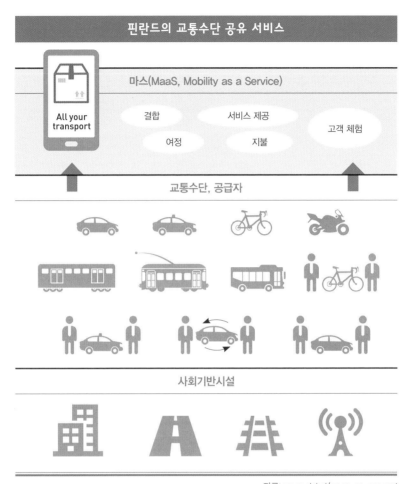

핀란드의 교통수단 공유 서비스

마스(MaaS, Mobility as a Service)

All your transport

결합   서비스 제공
여정   지불   고객 체험

교통수단, 공급자

사회기반시설

자료: maas.global/maas-as-concept

전할 필요가 없어진다. 누구나 자유롭고 효율적이며 편리하게 이동할 수 있는 시대가 열리는 것이다. 이 시스템은 공공기관이 운영하는 트램, 버스, 전철은 물론, 민간이 운영하는 택시, 렌터카 등에 이르기까지 활용할 수 있는 교통수단을 모두 결합해서 원하는 목적지까지 이동성서비스를 제공하는 것이다. 소비자가 한 달에 한 번씩 월정액을 내기만 하면 도시 내에서 일상적인 이동을 무제한으로 보장해준다. 단순한 이동수단을 넘어 새로운 모빌리티 서비스 개념인 것이다.

09

1코노미 놀이 문화

메릴랜드대학교 교수 레베카 라트너는 5년간 왜 사람들이 혼자서 즐거움을 누리기를 꺼리는지, 그리고 그게 어떻게 즐거움을 전체적으로 줄이는지에 대해 연구해왔다. 수년 간의 연구결과, 혼자 나가서 뭔가를 하는 것이 집에 틀어박혀 있는 것보다 훨씬 즐겁다는 결론을 내렸다.

늘어가는
혼놀족

'혼놀(혼자 놀기)'이 유행이다. 사람들은 이제 남의 시선 신경 안 쓰고 혼자서 영화 보고, 밥 먹고, 여행을 떠난다. 인터넷에서 '혼자 놀기'를 검색하면 혼자 놀기의 달인, 혼자 놀기 좋은 곳, 혼자 놀기 프로젝트, 휴일에 혼자 놀기 등의 다양한 정보가 쏟아진다. 개인 블로그에 '혼자 놀기 일기'를 쓰는 사람들도 등장하고 있다. 어떤 사람들은 블로그 등에 과자 조리퐁 알맹이 개수 세기, 고래밥 물고기 모양 개수 세기, 다 먹은 치킨 뼈로 닭 다시 구성하기 등의 사진을 올리며 혼자 놀기의 진수를 보여준다. 2016년에는 혼자 노는 사람들을 위해 토크콘서트 '혼즐남녀'가 개최되기도 했다. 「조선일보」에서 소개한 '혼놀능력평가시험'을 풀어보며 혼놀에 대해 얼마나 이해하고 있는지 체크해보자.

혼자 놀기에 돈이 부족하다면 지하철 2호선 순환선에 몸을 실어보자. 저렴한 가격으로 서울을 투어할 수 있다. 「한겨레신문」 박미향 기자는 나 홀로 문화를 체험하기 위해 지하철 2호선에 몸을 싣고 5시간 가까이 여행한 후 생각보다 여행이 즐겁고 유쾌했다고 다음처럼 소회를 이야기한다.

"지하철 2호선 세 바퀴 반을 도는 5시간 반을 여행하며 기자는 햇살이 좋

2016년 11월 09일

제1회 혼놀능력평가시험

성명		수험번호	

1. 다음 중 성격이 다른 단어는?

① 혼술 ② 혼밥 ③ 솔캠
④ 혼영 ⑤ 혼주

2. 아래 '혼밥'(혼자 밥 먹기) 레벨 중 난도가 가장 높은 것은?

① 패스트푸드점에서 혼자 먹기
② 구내 식당에서 혼자 먹기
③ 고깃집에서 혼자 먹기
④ 자취방에서 라면 먹기
⑤ 편의점에서 도시락 먹기

3. 혼자 놀고, 혼자 여행 다니는 것을 이르는 말은?

(   )

4. "내가 ○○을 하는 이유는 힘든 일상을 꿋꿋이 버티기 위해서다. 누군가와 잔을 나누기에도 버거운 하루 (중략) 그래서 나는 오늘도 이렇게 ○○ 한다."

이상은 최근 방영된 드라마 〈혼술남녀〉 속 대사다. ○○에 해당하는 이것은?

(   )

자료: 조선일보

혼놀능력평가시험지

아서, 바람이 좋지 않아서, 온도가 적당해서 모든 시간이 좋았다. 만화책 읽다 내려 도시락 먹고 낮잠 한숨 잔 뒤 영화를 보다 창밖 눈 쌓인 한강변에 설렌다. 이 도시의 아름다움이 보인다."

이렇게 혼자 놀기가 유행하는 심리적 이유는 무엇일까? 서울대학교 윤대현 교수에 의하면 혼자 노는 모습을 촬영하거나 글로 적어 SNS를 통해 공유하면 에너지 소모를 줄이면서도 손쉽게 많은 사람과 소통할 수 있기 때문이라고 분석한다. 그는 "혼자 놀더라도 자연과 문화를 즐긴다면 뇌가 충전되고 에너지도 얻을 수 있어 아무것도 안 하는 것보다 낫다."라면서도 "그러나 지나치게 혼자인 것에 익숙해지면 사람을 만나도 즐거움을 느끼지 못할 수 있으니 균형이 필요하다."라고 조언했다.

혼자 노는
즐거움

동양인과 서양인이 느끼는 불안감의 모습은 본질적으로 차이가 있다. 서양은 개인주의가 지배하고 있으며, 동양은 집단주의 경향이 강하다. 동양사회에서는 사회적인 측면에서의 불안감을 상대적으로 더 강하게 느낀다. 사회적으로 고립되기 싫어하는 경향이 동양인에게서 더 크게 작용하는 것이다. 소위 따돌림의 공포가 강한 것도 이러한 동양의 정서와 무관하지 않다. 동양인들은 일반적인 사람들과 다르게 생각하고 행동하는 사람들을 별종이나 이상한 사람으로 취급하는 경향이 강하다. 따라서 동양의 전통적인 시각에서는 혼자 밥 먹는 것이 창피하고 어색한 것으로 취급받을 수 있었다. 혼자 노는 것이 창피하고 어색한 느낌이 드는 것은 조명효과로 설명 가능하다.

연극 무대에 선 주인공에게는 항상 스포트라이트가 쏟아진다. 주인공의 머리 위를 비추는 조명은 주인공의 일거수일투족과 감정의 흐름과 변화를 자세히 관찰할 수 있게 한다. 사람들은 모두 연극 무대의 주인공이 아닌데도 자신들도 연극 무대의 스타들처럼 조명을 받고 있다고 착각하며 다른 사람들의 시선에 필요 이상으로 신경을 쓴다. 심리학에서는 이를 가리켜 조명효과Spotlight Effect라고 지칭한다.

미국 코넬대학교의 사회심리학자인 토머스 길로비치Thomas Gilovich의 실험은 사람들이 타인에게 생각보다 그다지 관심이 없다는 사실을 보여준다.

이 실험에서는 한 학생에게 왕년의 스타였던 가수의 얼굴이 인쇄된 티셔츠를 입고 다른 실험 참가자들이 있는 실험실에 잠깐 앉아 있다 오도록 했다. 왕년의 스타 가수가 프린팅된 티셔츠를 입은 학생은 자신의 나이에 걸맞지 않은 예전 스타의 티셔츠를 입었기 때문에 다른 사람들이 자기를 이상하게 생각하고 관심을 가질 것이라고 생각했다. 그리고 실험 참가자들 중 46퍼센트 정도가 자기의 이상한 옷차림을 알아차릴 것이라고 예상했다. 하지만 실제로 이 티셔츠를 알아챈 사람은 23퍼센트에 불과했다. 생각보다 다른 사람들은 타인의 행동이나 복장에 대해 별다른 관심이 없다는 사실을 보여주는 실험이다.

혼자서 즐길 수 있는 기회의 시간을 제약하는 것은 다름 아닌 자기 자신이다. 많은 사람들은 집 밖으로 나가 혼자 밥을 먹고 혼자 영화를 보고 혼자 여행을 다니는 것을 다른 사람들이 어떻게 볼까 생각하며 이를 꺼린다. 이러한 현상은 조명효과를 지나치게 의식한 결과다. 혼자 있다는 이유만으로 아무것도 안 하려고 하는 것이다.

메릴랜드대학교의 로버트 H. 스미스 경영대학Robert H. Smith School of Business의 마케팅학과 교수인 레베카 라트너Rebecca Ratner는 거의 5년간 왜 사람들이 혼자서 즐거움을 누리는 일을 꺼리는지, 그리고 그게 어떻게 즐거움을 전체적으로 줄이는지에 대해 연구해왔다. 수년간의 연구결과, 혼자 나가서 뭔가를 하는 것이 집에 틀어박혀 있는 것보다 훨씬 즐겁다는 결론을 내렸다.

레베카 라트너 교수가 「소비자 연구 저널Journal of Consumer Research」에 게재한 "나 홀로 볼링은 그만Inhibited from Bowling Alone"이라는 연구에 따르면, 사람들은 혼자 공연을 보거나 박물관에 가거나, 혹은 식당에서 혼자 밥을 먹는 즐거움을 지속적으로 평가 절하하고 있었다. 연구는 다섯 개의 서로 다른 실험결과에 바탕을 둔다. 앞의 네 실험에서, 연구자들은 사람들에게 특정 활동을 여럿이 하는 게 좋을지 혼자 하는 게 좋을지 물었다. 그리고 다섯 번째 실험에서는 연구 참여자들에게 미술관을 여럿이서 방문했을 때가 더 즐거웠는지, 아니면 혼자 방문했을 때가 더 즐거웠는지 선호도를 매기도록 했다. 그 결과 사람들은 혼자 있을 때도 여럿이 함께 있을 때 못지않게 즐거운 시간을 보냈다는 사실을 발견했다. 미술관이나 영화 관람, 식당에서 혼자 밥을 먹을 때도 충분히 즐거움을 느낄 수 있다는 사실을 증명한 것이다.

많은 사람들이 타인의 시선 때문에 즐거움을 느끼지 못할 거라는 생각에 혼자 노는 것을 주저한다. 남들이 자기를 '루저loser'라 여기는 게 두려워서 밖에 나가는 대신 안에 머무르는 경향도 있다. 그러나 조명효과에서 본 것같이 남들은 우리가 생각하는 것만큼 다른 사람들을 주시하거나 판단하지 않는다. 사람들의 행동은 자기중심적 사고패턴에 의해 왜곡될 수 있다. 그러므로 이러한 생각 때문에 혼자서 즐기는 기회의 시간을 주저하고 있다면 고민할 필요가 없다.

실제로도 나 혼자 노는 문화에 대한 사람들의 인식도 긍정적으로 바뀌고 있다. 다음 소프트의 SNS 빅데이터 분석도구인 소셜매트릭스에서 '혼밥'이라는 키워드를 검색해 탐색어 여론을 살펴보면 '편하다', '좋다', '맛있다', '즐기다' 등으로 대부분이 긍정적이었다. 과거 혼자 밥 먹는 것을 창피해하거나 쑥스럽게 생각했던 것에 비하면 상당한 변화다.

혼밥이라는 키워드의 여론을 보면 혼자 밥 먹는 것이 예전처럼 창피하거나 부끄러운 일이 아니고 편하게 즐기는 당당한 나홀로족의 문화로 자리 잡아가고 있음을 알 수 있다.

'혼밥' 탐색어 여론

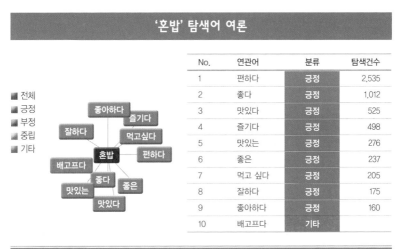

No.	연관어	분류	탐색건수
1	편하다	긍정	2,535
2	좋다	긍정	1,012
3	맛있다	긍정	525
4	즐기다	긍정	498
5	맛있는	긍정	276
6	좋은	긍정	237
7	먹고 싶다	긍정	205
8	잘하다	긍정	175
9	좋아하다	긍정	160
10	배고프다	기타	

자료: 다음 소프트(2017. 3.~2017. 4.)

혼밥족을 위한
1인 전용 식당

혼밥족이 늘면서 1인 전용 식당 역시 늘어나고 있다. 이제 혼자서도 눈치 안 보고 식사를 즐길 수 있게 된 것이다. 가장 대표적인 곳은 1인 라면집이다. 이곳에서는 다른 사람들의 시선을 의식하지 않고 편안하게 음식을 즐길 수 있다. 최근 오픈한 '독고진 돌판구이' 식당 역시 눈에 띈다. 편안하게 앉아 TV를 보며 고기를 구워먹을 수 있도록 철저하게 1인을 위해 만들어진 식당이다.

1인 식당이라고 해서 반드시 단독식탁으로 꾸미지는 않는다. 오히려 커다란 공유 식탁을 놓고 나홀로족들이 혼자서 편안하게 와서 다른 사람들과 함께 식사를 하게 만든 곳도 있다. 나홀로족을 위한 '메시야 식당'은 메뉴판도 없고, 매일매일 '오늘의 메뉴'가 바뀐다. 식당 안에 들어서면 1인용 작은 테이블은 없고 오히려 10명 정도가 앉을 수 있는 큰 테이블이 놓여 있기 때문에 모르는 사람과 함께 식사할

자료: 네이버 지역정보

1인 전용 라면집 이찌멘과 1인 전용 고깃집 독고진 돌판구이

혼밥 레벨 테스트
혼밥을 즐기는 당신, 몇 레벨까지 해보셨나요?

레벨 1	편의점에서 밥 먹기
레벨 2	학생식당에서 밥 먹기
레벨 3	패스트푸드점에서 세트 먹기
레벨 4	분식집에서 밥 먹기
레벨 5	중국집, 냉면집 등 일반음식점
레벨 6	맛집에서 밥 먹기
레벨 7	패밀리 레스트랑서 먹기
레벨 8	고기집, 횟집에서 먹기
레벨 9	술집에서 술 혼자 먹기

수 있다. 아예 큰 테이블을 만들어놓고 다른 사람과 함께 자연스럽게
식사하도록 해서 혼자 가도 어색하지 않은 분위기다. 1인 가구 시대
에 편안하게 '따로 또 같이' 밥을 먹을 수 있는 공간이다. 커피숍에 대
형 공유 테이블이 많아지는 것도 같은 이치다.

간편식의 진화,
통조림 바

일본은 특히 통조림 산업이 발전했다. 혼자서 간단하게 통조림을 뜯어서 한 끼 식사나 술안주를 해결하려는 사람들이 많기 때문이다. 우리나라에는 꽁치, 참치, 골뱅이 정도의 통조림이 일반적이라면 일본에는 다양한 종류의 통조림이 판매되고 있다.

1인 가구가 많은 일본에는 혼밥족을 위한 통조림(간즈메, かんづめ) 바가 성업 중이다. 수백 가지의 통조림을 안주로 판매하는 바 형태의 술집이다. 내부는 편안하게 혼술을 즐길 수 있도록 1인 테이블 위주로 구성되어 있다. 소비자는 자기가 원하는 통조림을 선택해서 맥주와 함께 간단하게 즐길 수 있다. 통조림은 조리 과정이 따로 없기 때문에 위생적이고 간편하게 혼술을 즐길 수 있어서 많은 사람들이 이

자료: www.mrkanso-kanayama.com

일본 통조림 바

소프트빵 통조림

용한다. 술을 마시지 않더라도 집에서 혼자 밥을 먹으려고 하는 사람들은 식사용으로 통조림을 사가기도 한다.

통조림 바에서는 수많은 종류의 생소한 제품을 만날 수 있다. 일본에서 인기 있는 재미있는 통조림 몇 가지를 소개한다.

소프트빵 통조림

통조림 안에 부드러운 소프트빵이 그윽한 향기를 그대로 품은 채 들어 있다. 아키모토의 빵 통조림은 특허를 낸 특수 제조법으로 갓 구워낸 부드러운 빵의 풍미와 질감을 그대로 통조림에 담았다. 유통기한은 최장 37개월로 캠핑이나 재해 대비 비상용으로 활용하기 좋다. 통조림이라고 생각되지 않을 정도로 보드랍고 야들야들 닭고기처럼 빵의 결이 그대로 살아 있다. 딸기, 오렌지, 블루베리 맛이 있다.

닭꼬치 통조림   태국 카레 통조림

닭꼬치 통조림

호테이 푸드의 '야키토리'는 닭꼬치 통조림으로, 통조림 바의 인기 메뉴다. 진하고 달콤한 간장으로 양념된 일본산 닭꼬치를 숯불에 구웠을 때의 풍미 그대로 통조림에 담았다. 일본의 음식 드라마 〈메시바나 형사 타치바나〉 3화 '통조림 대설' 편에서 야키토리 요리법이 등장한다. 이 드라마에서 주인공은 통조림의 닭고기를 꼬치에 꽂아 통조림에 있는 소스를 냉장고에서 굳혀 찬 젤라틴을 얹어 먹는 따끈따끈한 야키토리 요리를 선보인다. 맛은 간장 소스 외에도 소금, 아주 매운맛, 마늘 후추, 유자 후추가 있다. 비교적 쉽고 저렴하고 크기가 작아서 기념품으로도 많이 구매한다.

태국 카레 통조림

태국에서 제조한 '이나바 카레' 시리즈다. 사용한 허브와 향신료는 모두 태국의 계약 농장에서 재배해서 신선한 허브의 향을 통조림에 담았다. 100엔대에 맛볼 수 있어서 가성비도 뛰어나다. 이 통조림 역시 〈메시바나 형사 타치바나〉에 등장했을 정도로 인기 있는 통조림이다. 드라마에서는 카레를 먹는 순간 타치바나가 태국을 상상하는 재미있는 장면이 등장한다. 종류도 다양해서 그린, 옐로, 레드 타이카레 외에도 다진 닭고기 볶음과 바질, 똠얌 치킨 등의 신제품도 출시했다.

일본 전통 요리 '가바야키' 통조림

가바야키는 생선을 반으로 갈라 간장소스를 입혀 굽는 일본 전통 요리다. 다와라 통조림의 가바야키는 간장소스를 바른 꽁치가 들어 있다. 이 상품은 1960년대부터 판매하기 시작해 지금까지도 여전히 인기를

일본 전통 가바야키 통조림

끌고 있다. 흰쌀밥에 얹어 먹는 가바야키를 일본 사람들은 정말 사랑한다.

어른 안주를 위한 통조림

고쿠부 그룹 본사의 간쓰마는 뚜껑을 열면 그대로 안주가 된다. 고급 안주가 많은데 게센누마의 상어 지느러미를 사용한 통조림은 1만 엔대까지 있다. 주사위 모양으로 썬 베이컨을 요리한 제품, 정어리를 소금과 올리브유로 조리한 제품 등 다양하다. 재료와 요리법에 신경을 많이 쓴 흔적이 보인다.

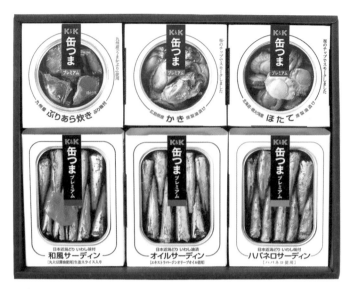

안주용 통조림

이외에도 일본에서는 다코야키, 달걀말이 통조림을 볼 수 있다. 한국에서도 쉽게 맛볼 수 있는 것이 다코야키인데 이것을 통조림으로 만들었다. 계란말이도 두툼하게 만들어 통조림으로 즐길 수 있도록 했다. 이외에도 우동, 라면, 어묵, 돼지고기, 감자조림, 곰고기, 벌유충, 메뚜기 등 다양한 이색 통조림을 맛볼 수 있다.

혼밥은 자유롭고 즐겁지만 건강상 문제가 생길 수도 있다. 2015년 가천대 식품영양학과 이영미 교수팀이 경인 지역 남녀 대학생 900명을 대상으로 설문조사를 했는데, 혼자 밥을 먹는 대학생의 70퍼센트가 15분 안에 식사를 마쳤고 심지어 5분 이내도 8퍼센트에 달했다. 의학적으로 한 끼 식사가 15분 이내면 소화나 영양 면에서 문제가 있

다코야키 통조림　　　　　　　달걀말이 통조림

기 때문에 좋지 않다. 혼자 밥을 먹는 것의 단점은 응답자 36퍼센트가 '식사를 대충하게 되는 것'이라고 했다. 인스턴트를 주로 먹는 것이 문제다.

　편도족(편의점에서 도시락을 사먹는 사람들)이 많아지면서 도시락 매출은 최근 3년 사이 70퍼센트까지 뛰어올랐다. 간편식 열풍으로 복잡한 조리 과정 없이 간편하게 즐길 수 있는 편의점 인스턴트 식품이 크게 발전한 것이다. 그러나 편의점 판매 도시락 1개의 평균 나트륨 함량은 1,366밀리그램, 집밥의 나트륨(614밀리그램)의 2배가 넘었고 세계보건기구wно의 하루 나트륨 섭취 권장량 2,000밀리그램에 육박하는 것으로 나타났다. 혼밥을 하는 사람들이 편리하게 음식을 즐기는 것은 좋지만 나트륨과 당분이 많이 들어 있는 음식을 지속적으로 섭취하면 고혈압, 위암 등의 성인병 발생 위험이 증가한다고 전문가들은 지적한다. 혼밥 하는 솔로들을 위한 식생활 교육이나 캠페인, 지원 등이 이루어져야 할 것이다.

혼밥 맛있게 먹는 법

혼밥을 더욱 맛있게 즐기려면 어떻게 해야 할까? 재미있는 실험결과가 최근에 발표됐다. 혼밥도 거울을 보면서 하면 더 맛있게 느껴진다는 것이다.

일본 나고야 대학교의 나카타 류자부 교수 연구팀은 혼밥의 '식사의 질'을 높이는 방법으로 거울을 보면서 식사하는 것이 효과적이라는 연구를 발표했다. 연구팀은 정면에 거울을 놓고 먹은 그룹과 같은 크기의 모니터에 비친 벽 모습을 보면서 먹은 그룹으로 나눠 맛있게 느낀 정도와 먹은 양을 비교했다. 맛을 6단계로 구분해 평가하도록 한 결과 연구 참여자들은 거울을 보면서 먹었을 때 더 맛있게 느꼈고 먹은 양도 5~13퍼센트 증가했다. 거울이 아니라 자신이 먹는 모습을 보면서 먹게 했을 때도 벽 모습이 비춰진 화면을 보면서 먹을 때보다 더 맛있게 느꼈고 먹은 양도 많았다. 다른 사람과 같이 먹을 때 더 맛있게 느낀다는 것은 이미 알려졌지만 다른 사람이 없더라도 자신 이외의 먹는 상황을 공유하는 사람이 있는 것만으로도 맛있게 느낀다는 재미있는 사실이 발견된 것이다. 거울이 아니라 다른 사람이 식사하는 '먹방(먹는 모습을 보여주는 방송)'을 보면서 먹어도 같은 효과가 있을 가능성도 높다고 한다.

집에서 어쩔 수 없이 혼밥을 할 때 거울을 보면서 식사를 하면 어떨까? 그럼에도 불구하고 거울에 비친 내 모습이 조금 처량해 보일 수는 있겠다.

영화관의
솔로안심존

혼자서 영화를 보는 사람들이 부쩍 많아졌다. CJ CGV의 조사에 따르면 영화 티켓 매출 중 1인 구매 비율이 2011년 8.4퍼센트에서 2015년 10.1퍼센트까지 증가했다. 이에 메가박스는 코엑스점에 혼자 온

자료: 메가박스 페이스북

메가박스 코엑스점 1인 전용 좌석

관람객을 위해 일부 상영관에 싱글 전용 좌석을 도입했다. 기존의 좌석과 달리 조금 떨어져 있어서 닭살 커플들로부터 자유롭게 영화를 즐길 수 있다.

온전한 휴식을 위한
무대 뒤의 공간

현대인들이 이토록 혼자만의 시간과 공간을 찾는 현상이 나타나는 배경은 무엇일까? 그 이유를 연극적 정체성 이론에서 찾을 수 있다. 셰익스피어는 "이 세상은 무대이며 모든 이들은 배우다. 우리는 각자의 배역에 맞춰서 무대에 등장했다가 퇴장하면서 평생 동안 여러 가지 역할을 맡게 된다."라고 말했다. 이 말을 사회학적 관점에서 해석하고 적용한 학자가 바로 어빙 고프먼Erving Goffman이다. 그는 '연극학적 이론'을 주장했다. 우리는 각자 배우이며 우리가 살아가는 세상은 무대라는 것이다.

개인이 자신의 성격과 상관없이 외부로 연출하는 성격이라는 의미 심리학 용어인 페르소나는 그리스의 연극에 사용되던 '가면'에서 유래했다. 고대 그리스의 연극에서는 배우들이 항상 가면을 쓰고 연기했기 때문에 본래의 얼굴을 감추고 겉으로 드러나는 가면을 내세웠다. 'person'이라는 단어도 페르소나에서 유래했다고 한다. 이러한 맥락에서 결국 세상을 살아가는 개개인은 연극 무대에서 가면을 쓰고 연기하는 배우와 같다.

어빙 고프먼은 이런 '가면' 연구에 몰두한 사람이다. 그는 자신의 저서 『일상생활에서의 자아 표현』에서 "사람이라는 단어가 가면이라는 의미를 지녔음은 결코 단순한 역사적 우연이 아닐 것이다. 사람들은 언제 어디서나 상황에 맞는 역할을 수행하고 있다. 우리가 자신을 아는 것도 이러한 역할들 속에서 가능한 것이다."라고 했다.

일상의 삶이라는 연극 무대에서 끊임없이 연기를 해야 하는 사람들은 혼자서 편히 쉴 수 있는 무대 뒤의 공간이 필요하다. 미국 워싱턴대학교 교수 제프리 로즌Jeffrey Rosen은 「뉴욕타임스」에 기고한 글에서 이렇게 말한다. "교수인 나는 학생들을 대할 때, 동네 세탁소 주인을 대할 때 각각 다른 사회적 가면을 이용한다. 만약 이 가면들을 모두

강제로 벗겨버린다면 남는 것은 진정한 자아가 아니라 방어능력을 상실한 상처 입은 인간일 뿐이다. 고프먼이 말한 무대 뒤의 공간이 나에게는 절실하게 필요하다. 이곳에서 나는 남들 앞에서 쓰고 있던 가면을 벗어버리고 사회생활의 불가피한 일부인 '긴장'을 털어낸다." 결국 혼자만의 시간과 공간을 열망하는 나홀로족들이 많아지는 이유도 무대 뒤의 공간이 절실한 일상에 지친 현대인들이 많아지기 때문일 것이다.

CONOMY

PART 3

1코노미
비즈니스

10

펫코노미 비즈니스

반려산업의 성장은 1인 가구가 그만큼 정서적으로 외롭다는 것을 반증한다. 혼자 놀고, 혼자 밥을 먹어도 빈집에 홀로 돌아오면 느껴지는 공허감은 어쩔 수 없는 것이다. 힘들 때 내 옆에 있어주는 친구 같은 존재, 나와 마음이 통하는 벗이 때로는 필요한 경우가 있기 때문이다.

반려동물은 그런 의미에서 그저 바라만 봐도 사랑스럽고 마음이 통하는 친구 같은 존재다.

또 하나의 가족,
반려동물

'혼자 놀긴 외롭고, 부담 없는 친구 하나 있으면 좋겠다.'라는 생각에 강아지나 고양이를 키우는 사람들이 많다. 혼자 노는 게 좋지만 막상 집에 오면 적적하다는 생각이 들 때 반려동물은 정서적으로 편안함과 즐거움을 선사한다.

혼자 사는 사람들이 많아짐에 따라 반려동물에 대한 수요가 급증하고 있다. 반려동물산업 시장 규모도 2012년 9,000억 원에서 2015년 1조 8,000억 원으로 성장했다. 농협경제연구소에 의하면, 2020년에는 5조 8,100억 원까지 성장할 것으로 전망된다. 이런 상황 속에서 펫코노미petconomy가 등장했다.

예전에는 집에서 기르는 강아지나 고양이를 '애완동물pet'이라고 불렀다. 이는 강아지나 고양이를 기르는 사람의 입장에서 필요할 때 장난감처럼 데리고 놀다가 싫증나면 버리는 물건처럼 취급한 말이다. 그래서 이제는 애완동물이 아닌 '반려동물ompanion animal'이라고 부른다. 사람과 더불어 사는 동물이자 정서적으로 의지하는 가족의 일원으로 대우하는 것이다.

반려동물과의 상호반응이 사람의 정신건강 향상에 큰 도움을 준다는 것은 여러 연구결과들을 통해 이미 입증되었다. 반려동물과 함께

자료: © kitsap humane society

반려견용 음료 스타벅스 퍼푸치노

활동하는 것이 스트레스 감소, 불안 감소, 우울감 감소, 성취감과 자아존중감 향상 등과 같이 정신건강에 좋은 영향을 미친다는 것이다. 심지어는 치매 예방에도 효과가 있다는 연구결과도 있다.

정신분석학의 창시자인 지그문트 프로이트도 심리치료를 할 때 항상 자신의 반려견 조피와 함께한 것으로 알려진다. 치료를 진행할 때 조피가 한쪽에 앉아 있는 것만으로도 환자의 긴장을 감소시키고 마음을 쉽게 열게 함으로써 치료 효과를 높이는 역할을 했기 때문이다. 정신의학자 에런 캐처Aaron Katcher는 "주인과 반려동물이 함께 보내는 시간은 환자가 심리치료사와 보내는 시간과 유사하다. 서로 '공감'과 '소통'을 하기 때문이다."라고 분석했다. 이러한 이유에서 우울증 환자를 치료할 때 반려견들이 함께하기도 한다.

반려동물과 함께
먹고 마시며

반려동물 전용 샴푸부터 수영복, 전용 호텔, 놀이터까지 반려동물을 위한 이색 제품도 다양하게 등장하고 있다. 국내에 진출한 미국 뉴욕 수제버거 '쉐이크쉑'은 반려견용 메뉴를 마련하기도 했다. 미국 스타벅스 매장에서는 반려견용 퍼푸치노를 판매한다. 퍼푸치노를 먹고 행복한 표정을 짓는 강아지들은 보는 사람도 행복하게 만든다. 미국의 쉑쉑버거에도 반려견을 위한 푸치니라는 메뉴가 있다. 푸치니는 땅콩 버터와 비스킷, 바닐라 커스터드로 만든 강아지를 위한 디저트이다. 우리나라에서도 반려견과 동반 가능한 식당이나 레스토랑이 늘고 있다. 이제 반려동물 메뉴를 주문해서 주인과 반려동물이 함께 식사를 하는 모습도 흔히 볼 수 있게 됐다.

반려동물을 키우는 사람들이 늘면서 반려동물의 생애주기에 따른

자료: 바네싸 인스타그램

반려견 맥줏집 바네싸

반려견 생애주기 신풍속도	
탄생(~2개월) 브리더 분양 증가	전문 자격증을 보유한 '브리더'에게 찾아가 분양받는 애견인이 느는 추세다. 부견, 모견을 직접 확인할 수 있고, 유전 질환의 발병 가능성을 낮출 수 있다는 장점이 있다. 분양은 어미 젖을 떼는 생후 6~8주 사이가 적합하다. 예방접종은 종합예방접종과 광견병, 코로나 장염 등 5종을 맞는 게 일반적이다.
유아(생후 2~4개월) 페티켓 길러줘야	'세 살 버릇 여든까지' 가는 건 반려동물도 마찬가지다. 유아기 교육이 가장 중요하다. 요즘은 애견 유치원이 대세. 다른 강아지들과 함께 어울리며 사회성 훈련, 배변 훈련, 예절 교육 등을 받을 수 있다. 오랜 경험과 노하우를 갖춘 전문 '펫시터'의 도움을 받는 것도 방법이다.
결혼(생후 18개월 이후) 출산은 맘 편히 집에서	반려견도 결혼을 한다. 해외에선 반려동물 결혼식을 성대하게 차려주는 애견인도 적잖다. 하지만 국내에선 중성화 수술이 보편화돼 흔하진 않다. 사람과 달리 출산 시 병원이나 산후조리원에 가지는 않는다. 예민한 상태에서 낯선 환경에 들어서면 극도의 스트레스를 받기 때문이다.
성숙(1~7세) 스트레스 해소가 관건	생후 7년까지는 힘이 넘치는 시기다. 오랫동안 실내에 갇혀 있다 보면 스트레스가 쌓일 수밖에 없다. 운동이 최고다. 최근엔 전용 놀이터를 갖춘 아파트단지도 등장하고 있다. 개와 주인이 함께 요가를 즐기는 등 이색 운동법에 대한 관심도 높다. 탄산수 스파, 마사지, 아로마 테라피 등의 서비스를 찾는 이도 늘고 있다.
노화(7~13세) 특화 동물병원 증가	반려동물 업계에선 7세부터 '시니어'로 구분한다. 사람으로 치면 40대 중반 정도 된다. 이 시기엔 1년에 1~2회꼴로 종합검진을 받는다. 최근엔 특정 과목만 전문으로 진료하는 '특화 동물병원'도 속속 생겨나고 있다. 안과, 치과, 피부과는 물론이고 외과와 심장전문병원도 있다.
이별(13~15세) 호스피스, 장례서비스	'웰다잉'에 대한 관심도 커지고 있다. 시한부 반려견을 위한 '호스피스' 센터가 대표적이다. 반려동물이 세상을 떠나면 장례도 치른다. 관도 짜고 수의도 입혀 마지막 가는 길을 배웅한다. '메모리얼 스톤'도 인기다. 유골을 고온으로 녹여 구슬이나 돌 형태로 만든 것이다. 팔찌, 목걸이로 제작해 간직하는 경우가 많다.

자료: 매일경제

다양한 산업이 발달하고, 이에 대한 수요 역시 크게 증가하고 있다. 반려동물 전문가 강형욱 씨가 각종 예능 프로그램에 등장하면서 아이돌 스타 못지않은 인기를 누리기도 한다. TV에서도 반려동물을 소재로 한 예능 프로그램이 다양하게 쏟아지고 있다. 유명인과 반려견의 일상생활을 보여주는 미국의 〈셀러브리티 도그 와처Celebrity Dog Watcher〉의 회원 수는 50만 명이 넘는다. 이 웹사이트에서는 유명인들이 일상생활 속에서 반려동물들과 함께하는 모습들이 올라온다.

반려견 동반 술집도 많이 생겨나고 있다. 반려견바 디브릿지의 김현종 전무는 "1인 가구는 낮에 일하는 동안 반려동물을 집에 혼자 둘 수밖에 없다. 그런 상황에서 저녁 술모임까지 가면 마음이 불편해진다."라고 지적한다. 대신 퇴근하고 집에서 키우는 개와 고양이를 데리고 술을 마시기 위해 반려견바를 찾는 것이다. 반려견바에서는 강아지에게 칵테일도 사 먹일 수 있다. 반려견용 칵테일은 일반적으로 우리가 아는 술이 아니다. 사실 이름만 칵테일이지 비타민음료다. 우유나 이온음료에 채소와 과일을 섞었다.

펫 IT 서비스

펫코노미 산업에서도 펫 IT(반려동물 정보통신기술)가 뜨고 있다. 펫 IT에는 반려동물을 위한 O2O서비스, 웨어러블 기기, 각종 서비스 앱 등이 포함된다. 해외 시장조사 업체 ID테크엑스IDTech EX에 따르면 동

자료: LG유플러스,
www.petmeup.co.kr

반려견 CCTV LG유플러스 맘카와 펫미업의 펫택시

물 전용 웨어러블 기기와 같은 펫 사물인터넷IoT 시장은 2025년 26억 달러(약 3조 원) 규모로 성장할 전망이다.

우리나라에서도 펫 IT 관련 서비스가 속속 등장하고 있다. LG 유플러스에서는 지난 2015년 '맘카'를 선보였다. 휴대폰과 연동되는 CCTV를 통해 반려동물의 상태를 모니터링하기에 유용한 서비스로 좋은 반응을 얻었다. KT의 올레TV에서도 국내 최초로 펫 케어 포털을 출시해 집에 홀로 남겨진 반려동물에게 반려인의 사진과 목소리가 담긴 메시지를 TV로 전송할 수 있게 했다. 반려동물 전용 비디오, 오디오 등 콘텐츠도 약 5,000편을 제공하고 있다. SK텔레콤은 반려견 건강 관리 라이프웨어 제품인 펫핏Petfit을 출시했다. 이 제품은 사물인터넷 기술을 바탕으로 반려견의 운동량과 칼로리 소모량을 체크한다.

반려동물 전용 웨어러블 기기도 출시됐는데, GPS·활동량 측정 센서가 탑재돼 반려동물의 위치를 확인하고, 활동량이나 휴식량을 분석하고, 반려동물에게 음성메시지를 발송하는 등 다양한 기능을 제공한다. 이외에도 분실모드, 촬영유도음, SNS 공유 등 신규 기능이 추가되기도 했다.

펫 IT 관련 스타트업들도 등장하고 있다. '펫프렌즈'는 반려동물 상점앱으로 반려동물을 위한 배달 서비스를 제공하고, '펫미업'은 반려동물이 함께 탑승할 수 있는 펫택시를 제공한다. '도그메이트'는 강아지를 돌봐줄 펫시터를 연결해주고, '위펫'은 반려견 동반 가능 장소를 찾아주는 IT 전문 플랫폼이다. '펫닥'은 수의사 무료 상담 앱으로 사진을 올리고 질문을 달면 수의사가 직접 답을 해준다. 이외에도 반려동물의 건강을 위한 펫 IT 제품이나 서비스들이 속속 등장하고 있다.

네코노믹스
트렌드

"타인의 사랑을 바라나 굳이 그것을 구걸하지는 않고, 속으로는 따뜻해도 겉으로는 늘 까칠하며, 이기적으로 보이나 실은 그 누구보다 이타적이고, 아무리 친해져도 끝내 어떤 알 수 없는 구석을 남기며, 사회 안에 살면서도 거기에 완전히 동화되지는 않는 존재." – 진중권의 「고로 나는 존재하는 고양이」 중에서

고양이 집사를 자처하는 애묘족들이 많아지고 있다. 고양이의 인기는 1인 가구 급증을 원인으로 꼽는다. 출근하는 싱글족은 개를 키우기가 쉽지 않다. 개는 집에 혼자 두면 외로움을 많이 타고, 산책도 자

자료: www.facebook.com/catbookstore

슈뢰딩거 고양이 책방

주 시켜줘야 하기 때문이다. 반면 고양이는 실내에서도 혼자서 잘 놀고 따로 배변훈련을 하지 않아도 된다. 특유의 애교와 귀여운 외모도 고양이의 인기 요인이다.

반려묘가 늘면서 고양이가 반려동물산업의 주인공으로 떠오르고 있다. 최근 유기묘였던 고양이 '찡찡이'가 문재인 대통령의 '퍼스트 캣First Cat'으로 SNS 스타가 되기도 했다. 펫코노미를 넘어 일본에서는 '네코노믹스'라는 신조어가 등장했다. 일본어로 고양이를 뜻하는 '네코'와 '이코노믹스'를 합성한 신조어로 애묘족의 증가로 인해 발생하는 경제적 효과를 가리키는 용어다.

아직까지는 반려동물 비중에서 개가 더 많은 비율을 차지하고 있지만 최근 들어 고양이의 인기가 급상승하고 있다. 온라인 쇼핑몰 G마켓에 따르면 2016년 기준 고양이 간식·장난감·미용패션용품 등 고양이상품 판매량은 4년 전에 비해 146퍼센트 증가했다. 같은 기간 반려견용품 판매량이 33퍼센트 증가한 것에 비하면 고양이용품 판매는 급증한 것이다.

서점에서도 고양이를 소재로 한 서적 출간이 뜨겁다. 인터넷 서점 예스24에 따르면 고양이를 소재로 한 서적 출간은 2016년에는 2012년 대비 50퍼센트 가까이 증가했다. 고양이를 전문으로 하는 책방도

『뽀짜툰』 　　　　　　 『탐묘인간』

생겨났다. 서울 동숭동의 '슈뢰딩거'는 국내외 고양이 관련 서적 중에서 엄선한 330종 500권을 보유하고 있다.

　고양이를 소재로 한 웹툰도 인기가 높다. 유리 작가의 〈뽀짜툰〉, 순 작가의 〈탐묘인간〉 등이 고양이 집사 소비자들의 공감을 이끌어 내고 있다. tvN 〈윤식당〉 같은 예능 프로그램에서도 새끼 고양이가 '신스틸러scene stealer*' 역할을 톡톡히 하며 시청자들의 눈길을 모았다. 실제 고양이를 키우지 않으면서도 인스타그램, 유튜브 등을 통해 고양이 사진이나 영상에 관심을 쏟는 사람들을 가리켜 '랜선 집사'라고 할 정도로 고양이의 인기가 높아지고 있다. 랜선 집사들이 많아지면서 유튜브 채널 〈꼬부기 아빠My Pet Diary〉도 구독자 20만 명을 훌쩍 넘

---

* 영화, 드라마 등에서 훌륭한 연기력이나 독특한 개성으로 주연 못지않게 주목을 받은 조연을 지칭하는 신조어다. '장면을 훔치는 사람'이라는 뜻이다. 대표적인 한국 영화계의 신스틸러 배우로는 김인권, 송새벽, 김상호, 고창석, 김정태 등이 있다.

어서며 뜨거운 관심을 모으고 있다.

SNS에서도 고양이 사진이 더 많이 공유되며 웹툰에서도 고양이가 단골 소재로 자리 잡고 있다. 고양이는 독립적이지만 서로 의지하면서 적당한 거리를 유지하면서 혼자 사람들이 고양이를 룸메이트처럼 여기며 같이 살 수 있기 때문이다. 개인주의가 확산되는 일코노미의 시대에 나홀로족과 닮은 고양이는 1인 가구의 새로운 동반자로 자리 잡고 있다.

아꼈던 만큼 아픈
펫로스증후군

펫로스증후군Pet Loss Syndrome의 문제가 심각하다. 십수년간 키워온 반려동물을 잃고 나서 심각한 우울감과 상실감으로 고통받는 경우가 많아지고 있다. 반려견을 잃은 깊은 슬픔으로 실제로 자살까지 하는 사람이 나올 정도다. 『인간과 개, 고양이의 관계 심리학』의 저자 세르주 치코티Serge Ciccotti는 "반려동물이 죽었을 때 남자들은 가까운 친구가 잃었을 때와 같은 정도의 충격을 받고, 여자들은 자녀가 죽었을 때와 유사한 고통을 느낀다."고 분석했다.

이미 미국이나 유럽, 호주 등의 외국에서는 펫로스증후군을 앓는 이들을 위한 전문의료센터가 있고, 정신과 상담을 통해 약 처방을 받는 경우도 많다. 다행히 우리나라에서도 반려동물 장례전문업체가 많이 생겼고 '애견장의사'라는 직업까지 있다. 심지어 반려동물을 화장한 후에 남은 유골을 초고온으로 녹여 결정체로 만드는 '메모리얼 스톤' 사업도 생겨날 정도다.

펫로스증후군을 극복하기 위해서는 주변의 도움도 필요하다. 주변에서 "개가 하나 죽은 것 가지고 왜 그리 힘들어하나. 이해가 안 돼!"라는 반응이 나오기 쉽다. 반려견을 잃은 이웃에 대해서 마음을 헤아려주려는 노력이 있어야 한다. 이러한 이유에서 최근에는 '반려동물 상실감 치유 모임'도 만들어졌다.

유기견 문제도 심각하다. 반려동물 시장이 급격하게 성장하고 있지만 여전히 많은 사람들이 반려동물을 가지고 놀다 버리는 장난감 정도로 취급하고 있다. 한 해에 무려 10만 마리의 반려견이 버려지는 것으로 추정된다. 늙고 병들었다고 버려지는 반려견이 대부분이다. 입양할 때는 예쁘니까 비용을 고려하지 않고 데리고 왔다가 병이 나서 돈이 들어갈 것 같자 물건처럼 내다버리는 것이다. 생명 경시 풍조가 너무 지나치다. 소중한 생명에 대한 좀 더 신중하고 책임 있는 자세가 요구된다.

공장처럼 무분별하게 번식하고 분양하는 반려동물 산업도 개선이 필요하다. 마치 공장에서 찍어내는 제품처럼 반려견을 번식하고 분양하는 산업에 대한 적절한 대책이 나와야 한다. 동물보호운동가들은 현재와 같이 무분별한 공장식 분양, 번식 산업을 정부가 규제해야 한다고 주장한다. 대표적인 예로, 독일은 반려견을 물건으로 취급하지 않고 특별법으로 관리한다. 특히 반려견을 입양하기 위해서는 반

자료: www.gettyimagesbank.com

인기를 모으고 있는 반려식물들

려인이 정부기관에서 진행하는 교육을 이수하고 테스트에 합격해야 한다. 그만큼 동물의 권리를 보호하고 물건이 아닌 소중한 생명으로 대하는 것이다. 우리나라에서도 반려견 문화의 의식 개선과 제도적 보완이 이루어져야 할 것이다.

반려동물을 넘어
반려식물로

반려식물이라는 새로운 개념이 등장하기 시작했다. 공부와 일로 집을 비우는 시간이 긴 1인 가구는 손이 많이 가는 반려동물을 키우기가 현실적으로 어렵다. 그에 반해 반려식물은 키우기가 상대적으로 용이하고, 물을 주고 성장하는 모습을 보면서 공감과 안정감 등의 긍정적 심리 효과를 얻을 수 있다.

집 안에서 식물을 키우는 '인도어 가드닝Indoor gardening' 인구가 증가하고 있다. 관상용, 공기정화, 인테리어, 요리 등을 위해 식물을 키우고 있어 '반려식물'이라는 용어가 등장한 것이다. 특히 미세먼지 농도가 높아지면서 공기정화식물에 관심을 갖고 천연 가습기 역할을 기대하면서 반려식물에 대한 수요가 커지고 있다.

반려식물은 며칠 동안만 화병에 꽂아두는 꽃과는 다르다. 정성껏 물을 주는 동안 하루가 다르게 자라고 가지를 뻗고, 잎이 나고, 꽃이 피는 모습을 보면서 키우는 사람의 마음도 뿌듯하고 따뜻해진다. 반려식물은 나홀로족의 건조한 일상을 위로하고 있다. 사람도 아니고 동물도 아니지만 식물과의 교감을 통한 위로는 또 다른 차원의 매력으로 다가오고 있는 것이다.

자료: www.gettyimagesbank.com

희귀 식물 마리모

식물호텔부터 식물병원까지

최근 반려식물을 치료하기 위해 '식물병원'을 찾는 사람들도 늘었다. '반려식물'이란 반려동물처럼 식물을 삶의 동반자로 생각하는 사람이 늘면서 생겨난 말이다. 경기도농업기술원에서는 '사이버 식물병원' 사이트를 운영한다. 2009년부터 운영 중인 이곳은 경기도농업기술원 농업생물팀에 근무하는 농업연구사 4명이 무료 온라인 진단과 처방을 해준다. 대전시청에서 운영하는 무료 '화분병원'도 인기다. 유리 온실을 갖추고 영양제·병충해 약 투여 치료실, 집중 치료·관리실, 퇴원 준비 화분이 대기하는 활력개선실 등 식물종합병원 수준의 시설을 갖추고 있다. 서울대 농업생명과학대에서 운영하는 식물병원은 처방 없이 간단한 무료 진단을 해주고 있다. 국가기술자격증인 '식물보호기사'나 '식물보호산업기사'를 따려는 사람도 늘고 있다. 심리적인 위로에 대한 니즈가 나홀로족의 바쁜 라이프스타일과 만나면서 반려식물 관련 산업이 이처럼 성장하고 있다.

다양한 희귀 반려식물도 화제다. MBC 〈나 혼자 산다〉에 방송인 전현무가 키워 관심을 모은 '마리모'는 수온이 낮은 호수에서 서식하는 녹조류 희귀 식물로서 일본 홋카이도 아칸호수의 명물로 알려져 있다. 기분이 좋거나 광합성을 할 때 물에 떠오른다고 한다.

반려산업의 성장은 1인 가구가 그만큼 정서적으로 외롭다는 것을 반증한다. 혼자 잘 놀아도 빈집에 홀로 돌아오면 느껴지는 공허감은 어쩔 수 없다. 힘들 때 내 옆에 있어주는 친구 같은 존재가 때로는 필요하다. 그럼에도 불구하고 부담스럽고 속박하는 관계는 또 싫다. 반려동물은 그런 의미에서 그저 바라만 봐도 사랑스럽고 마음이 통하는 친구다. 소중한 생명체로서 반려동물을 아끼고 사랑하는 성숙한 문화를 정착해나가야 할 것이다.

CHAPTER

11

안전·보안 비즈니스

생활 안전 및 보안에 불안감을 느끼는 1인 가구가 늘고 있다. 그런 1인 가구들을 위해서
센서, 사물인터넷, CCTV 등 다양한 기술을 이용한 안전, 보안 서비스가 출시됐다. 기술
을 통해 범죄 피해를 예방하는 것도 필요하지만 더불어 생활 속에서 안전을 위한 작은
습관을 들이는 것도 중요하다.

첨단 기술을 만난
안전 서비스

1인 가구가 많아지면서 생활 안전 및 보안에 대한 불안감이 커지고 있다. 특히 혼자 사는 여성을 표적으로 한 강력 범죄가 하루가 멀다고 발생하고 있어 안전을 위한 다양한 상품과 서비스들을 필요로 하게 됐다. 이에 따라 첨단 장비를 동원한 안전·보안 서비스가 다양하게 출시되고 있다.

안전·보안 업체들은 센서, 사물인터넷, CCTV 등의 기술을 이용해서 더욱 진보된 서비스를 소비자들에게 제공하기 위해 노력 중이다. 세콤은 집 안에 설치하는 CCTV를 출시해서 레이더 센서를 장착해 침입자를 감지하고 외부에서도 스마트폰을 통해 실시간으로 들여다볼 수 있게 했다. 유명 보안 업체 ADT 캡스는 LG유플러스와 공동으로 사물인터넷 보안 상품을 출시했다. 케이트맨 도어록이 강제로 열리거나 파손되면 보안 요원들이 출동하며, 외부 침입은 LG유플러스의 IOT열림 센서로 감지해서 사용자에게 침입 알림을 전송한다. 혼자 사는 사람들은 집을 자주 비우거나 위급상황이 발생할 수 있기 때문에 이들에게 매우 유용하다. KT텔레캅에서도 홈가드 서비스를 출시했다. 집 안 곳곳에 설치된 무선 센서가 외부 침입을 인식해 SMS를 통해 그 사실을 바로 통보해주고, 위급상황이 발생했을 때는 비상벨을 누르면 바로 보안요원들이 출동한다. 모든 보안 설정 및 해제는 스마트폰 앱으로 제어가 가능하다. SK텔레콤 '지키미' 서비스는 '문열림 센서'와 'SOS 버튼'로 간단하게 구성되어 있다. 위급한 상황에서는 'SOS 버튼'을 누르면 위험 경보와 사이렌이 울리면서 미리 지정해둔 보호자 5명과 보안업체에 문자메시지가 통보된다.

스마트 워치를 가지고 있는 사람이라면 차고 있는 시계와 연동되는

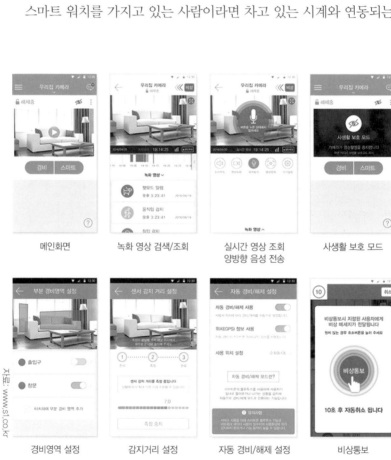

메인화면	녹화 영상 검색/조회	실시간 영상 조회 양방향 음성 전송	사생활 보호 모드
경비영역 설정	감지거리 설정	자동 경비/해제 설정	비상통보

자료: www.s1.co.kr

스마트폰으로 확인 가능한 세콤 보안 서비스

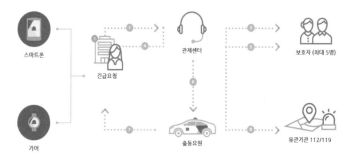

자료: s1.co.kr

① 긴급요청 ② 긴급신호 접수 ③ 보호자 통보 (SMS) ④ 고객 확인 (전화) ⑤ 고객 확인 불가 시 보호자 확인 (전화)
⑥ 고객 또는 보호자 요청 시 출동 지시 ⑦ 긴급출동 ⑧ 필요 시 112/119 통보

스마트 워치를 활용한 보안 서비스

서비스도 활용해볼 수 있다. 스마트 워치는 신체와 가장 가깝게 연결
되어 있고 보안장치인지도 알기 쉽지 않기 때문에 외부의 위험에 빠
르게 대처할 수 있는 장점이 있다. 긴급 상황에서 스마트 워치를 통
해서 보안업체에 구조 요청을 하면 최대 5명의 보호자에게 연락이 가
고 출동요원이 해당 장소로 출동하며 경찰 등에도 연락이 전달된다.

첨단장비를 들여놓을 예산이 다소 부족하다면 안전을 위한 다음과
같은 아이디어 상품들을 활용해볼 수
있다. 다이소에서는 범죄 방지를 위
한 상품으로 3,000원짜리 모형 CCTV
가 인기를 끌고 있다. 모형이지만 실
제 제품과 매우 유사하게 만들어져서
CCTV가 촬영 중이라고 생각해 범죄

자료: 다이소몰

다이소의 모형 CCTV

1인 가구를 위한 생활 속 안전 체크리스트

1. 집이 큰 길가에 있나요?

집을 구할 때는 되도록 큰 길가에 있는 집을 고르고, 집 주변에 가로등이나 CCTV가 있는지 확인한다.

2. 현관문과 창문에 방범 시설이 잘 설치되어 있나요?

현관문에 도어록과 안전걸쇠를 설치하고 우유투입구는 폐쇄한다. 창문에는 방범창을 달아 준다. 도어록 비밀번호는 자주 교체한다.

3. 집에 안전 경보기가 설치돼 있나요?

보안업체에 의뢰하면 좋지만 쉽지 않은 일이다. 경보기를 설치해도 좋고, 어렵다면 보안업체 스티커를 현관문에 붙이고 모형 CCTV를 달아보자.

4. 혼자 집에 있을 때 택배를 직접 받고 있나요?

택배기사 또는 배달원 등을 가장한 범죄가 종종 일어난다. 혼자 있을 때는 모르는 외부인의 출입을 되도록 삼가도록 하는 게 안전하다.

5. 택배상자 또는 우편물을 버릴 때 개인정보가 노출되지 않았나요?

이미 내용물을 확인한 택배상자나 우편물을 버릴 때 주소, 이름, 전화번호 등의 개인 정보가 노출되지 않도록 주의한다. 범죄의 대상이 되기 쉽다.

6. 집 안에 다른 식구가 함께 있는 느낌을 주는 장치를 했나요?

여성 혼자 살 때는 특히 혼자라는 인상을 주지 않도록 현관문 앞에 남성 신발을 놓거나 빨랫줄에 남성 의류를 널어두자.

7. 창문은 잠겨 있나요?

특히 가스 배관 쪽 창문은 방범을 철저히 해야 한다. 배관을 타고 침입할 수 있기 때문이다. 또한 외부에서 안이 보이지 않도록 커튼을 설치한다.

8. 화재보험이나 도난보험에 가입했나요?

언제 어떤 사고가 일어날지 한 치 앞을 알 수 없는 요즘. 만일을 대비해 미리 보험을 들어놓는 것이 좋다.

9. SNS를 통해 나의 실시간 위치를 노출하진 않았나요?

SNS가 활발해지면서 너도나도 자신 사생활을 전시하듯 노출하고 있다. 너무 자주, 구체적으로 노출시킬 경우 범죄의 타깃이 될 수 있으니 주의해야 한다.

10. 나를 지켜줄 호신용품을 갖고 있나요?

인터넷으로 찾아보면 휴대용 경보기, 호신용 스프레이, 전기충격기 등 다양한 호신용품이 있으니 구비해둔다.

를 예방하는 효과를 볼 수 있다. LED램프가 깜빡거리기까지 해 정말 실제 촬영되는 CCTV처럼 느껴진다.

혼자 사는 많은 여성들은 범죄자의 침입이 걱정된다. 앞에서 소개한 다양한 상품과 서비스를 활용해볼 수 있겠지만, 생활 속에서 안전을 위한 작은 습관을 들이는 것도 중요하다. 앞의 안전 체크리스트를 보며 1인 가구에게 꼭 필요한 안전 시스템은 무엇일지 생각해보자.

안전이 걱정되는 순간, 생활안전지도

혼자 사는 사람들은 언제나 안전이 걱정이다. 안전 정보가 앱을 통해 제공된다면 나홀로족의 생활 안전 걱정을 많이 덜 수 있을 것이다. 국민안전처에서는 '생활안전지도' 앱을 출시했다. 각자 거주하는 동네를 입력하면 성폭력, 강도 등의 강력범죄 발생지역부터 교통사고, 자연재해, 맞춤안전 정보 등을 제공한다.

먼저, 교통안전 정보에서는 보행 사고 주의 구간, 횡단보도 사고 주의 구간, 자전거 사고 주의 구간 등의 정보가 제공된다. 다음으로 자연재해 정보에서는 홍수 범람, 산사태 위험도, 산불, 지진 발생 통계 등이 제공된다. 치안안전 정보에서는 성폭력, 강도, 절도, 폭력 발생 통계 등이 제공된다. 특히 맞춤 안전 정보는 어린이, 여성, 노인 등의 안전취약계층을 대상으로 특화된 정보를 제공하는 서비스다.

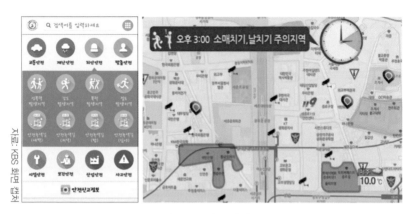

자료: KBS 화면 캡처

국민안전처 생활안전지도 앱

분야별 정보를 종합해서 사고 안전지도, 여성밤길안전지도 같은 특화된 서비스도 제공한다.

여성 안심
서비스

1인 가구의 증가 추세 속에서도 특히 독신 여성의 증가에 주목해야 한다. 1인 가구 중 여성의 비중이 2010년 66.1퍼센트에서 2014년 69퍼센트로 상승했고, 남성의 비중은 33.9퍼센트에서 31퍼센트로 오히려 하락했다. 미혼여성의 증가와 동시에 이혼율이 증가하면서 여성 1인 가구가 크게 느는 것이다. 여성의 초혼연령도 많이 높아지면서 여성 1인 가구가 빠르게 증가하고 있다.

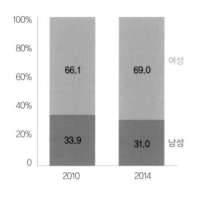

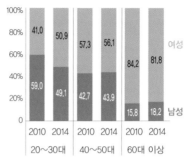

자료: 현대경제연구원

서울시에도 혼자 사는 여성들이 많아지면서 치안에 대한 불안감이 커지고 있다. 2016년 서울시 여성가족재단에서 실시한 2030 여성 1인 가구 생활실태 조사에 따르면, 응답자의 44.6퍼센트가 성범죄 등으로 인한 일상생활 치안을 우려하고 있었다. 실제로 서울에서 여성을 대상으로 한 강력범죄가 자주 일어나 시민들에게 충격을 주고 있다.

이에 서울시에서는 혼자 사는 여성들의 안전과 치안에 대한 불안감을 덜어주기 위해 다양한 서비스를 정책적으로 지원하고 있다. 여성 안심귀가스카우트 서비스는 여성들이 늦은 귀갓길이 걱정될 때 이용할 수 있다. 전화나 앱을 통해 도착 30분 전에 간단하게 신청만 하면 버스정류장이나 지하철역에서 집까지 안전하게 여성들의 귀가를 지원한다. 밤 10시에서 새벽 1시까지 여성의 안전 귀가를 돕기 위해 2인

서울에서 혼자 사는 여성이 안심하고 지내려면

밤늦게 귀가하기 무서울 때

안심귀가 스카우트

대상 : 밤늦게 귀가하는 여성들

방법 : 지하철역이나 버스정류장 도착 30분 전에 120(다산콜 센터) 또는 각 구청 상황실 로 전화

집에서도 안전하게 생활하고 싶을 때

서울시 홈방범 서비스

대상 : 혼자 사는 서울여성

방법 : 온라인 신청 후 월 9,900원 에 무인경비 현장출동 등 방범서비스 이용

안전하게 택배를 이용하고 싶을 때

서울여성 안심택배서비스

대상 : 혼자 사는 서울여성

방법 : 각 지역구에 설치된 50개 무인 택배소에서 물품 수령

자료: 중앙일보

1조로 구성된 스카우트가 경광봉으로 어두운 밤길을 밝히고 호루라기를 휴대하고 집까지 동행해주는 서비스다. 여성안심귀가스카우트는 전화 120번이나 앱을 통해 신청할 수 있다.

홀로 사는 여성들이 곤란해하는 것 중 하나가 혼자 택배를 받는 일이다. 그렇다면 거주지 인근지역에 설치된 무인택배보관함을 이용해보자. 무인택배함은 여성 1인 가구가 많은 지역을 중심으로 쉽게 찾을 수 있는 주민센터나 문화센터 등 서울시내 160개소에 3,216개가 설치되어 있다. 이용시간은 365일 24시간이고 이용요금은 무료(48시간 초과 시 1,000원 부과)다. 모바일 애플리케이션 '스마트서울맵'에서 보관함이 설치된 곳을 검색, 물품수령 장소를 지정하면 된다.

지하철을 이용하는 여성들은 출퇴근길이 불안하다. 성추행, 몰래

카메라, 폭행 등의 사건이 비일비재하기 때문이다. 이러한 사건이 발생하거나 각종 민원사항을 접수하고 싶으면 '지하철안전지킴이' 앱을 이용할 수 있다. 탑승한 지하철 전동차 내의 민원신고 위치도 즉시 파악되고 실시간 열차이동 정보를 통해 근처 지하철보안관과 콜센터, 112 지하철경찰대가 공조해서 시민의 안전을 책임진다. 특히 지하철 보안관은 지하철 역사와 전동차 내 성범죄 예방과 무질서 행위 등을 단속해서 시민의 불안과 불편사항을 해소하는 역할을 한다.

독신 여성들은 서울시 홈 방범 서비스도 이용해볼 수 있다. 외부침입이 감지될 경우 비상벨을 누르면 긴급 출동이 이루어지는 서비스다. 저가 주택에 거주하는 무주택자가 신청대상으로, 여성 1인 단독 가구가 최우선 순위다. 온라인으로 신청할 수 있으며 요금 월 9,900원으로 비교적 저렴하다. 독신 여성들에게 유용해 보인다.

여성 안심 귀가 앱

빈번하게 발생하는 대도시의 강력 범죄로 인해 혼자 살아가는 여성들은 너무도 불안하다. 여성들이 밤에도 안심하고 귀가할 수 있도록 도와주는 앱은 이제 필수다. 다음 앱들은 호신용 스프레이나 호루라기보다 더 확실한 보호책이 되어줄 것이다.

'안심귀가 샌드send위치'는 실시간으로 버스 승하차 정보를 알려주는 앱이다. 늦은 시간 버스를 자주 이용하는 여성들이 요긴하게 사용할 수 있다. 앱 사용자가 버스를 이용하면 사전에 등록된 보호자에게

자료: www.openit.co.kr, SOS 누르미

SOS 누르미와 안심귀가 샌드위치

승하차 정보가 실시간으로 전송된다. 버스를 탈 때마다 따로 앱을 실행할 필요가 없기 때문에 편리하다.

범죄자에게 위협을 당하는 등의 긴급상황에 대처할 수 있는 앱도 있다. '112 긴급 신고' 앱은 2011년 수원여성살인 사건을 계기로 경찰청에서 직접 제작 · 배포한 애플리케이션이다. 납치나 성범죄 등의 위급한 상황이 발생했을 때 '긴급 신고하기'나 측면의 음량 조절 버튼을 3초간 누르면 본인의 위치와 신분 정보 및 사진 등이 전송되고 경찰이 출동한다. 비상 상황이 닥쳤을 때 빠르게 피해자의 위치를 파악하고 신속하게 긴급 상황에 대처할 수 있다.

'SOS 누르미'는 긴급한 상황에 여성 스스로 자신을 지킬 수 있는 무기다. 앱 안에 호루라기와 여자 비명, 사이렌 소리가 탑재되어 있다. 위급상황에서 사용하면 범죄자를 당황하게 만들고 주위 사람들에게 쉽게 상황을 알릴 수 있다. 앱을 다운로드하고 위젯을 설정하면 잠금 화면에서도 미리 지정해 놓은 보호자의 번호로 긴급 메시지를 전송할 수 있다.

자료: NATIONAL POLICE AGENCY

경찰청이 만든 긴급신고 앱

디자인으로
범죄를 예방하다

깨진 유리창 이론Broken Window Theory은 미국의 범죄학자 제임스 월슨James Wilson과 조지 켈링George Kelling이 1982년 공동 발표한 연구에서 처음으로 소개된 사회 무질서에 관한 이론이다. 깨진 유리창 하나를 방치해 두면 그 지점을 중심으로 범죄가 확산된다는 이론으로서 사소한 무질서를 방치하면 큰 문제로 이어질 가능성이 높다는 것을 시사한다.

미국 뉴욕도 범죄율이 매우 높은 도시로 악명 높았다. 뉴욕은 미국을 상징하는 대도시지만 1980년대만 하더라도 흉악범죄가 끊이지 않았다. 연간 60만 건 이상의 중범죄가 발생했고 이 중 2,200건은 살인 범죄일 정도였다. 영화 배트맨에 등장했던 범죄도시 고담은 뉴욕시

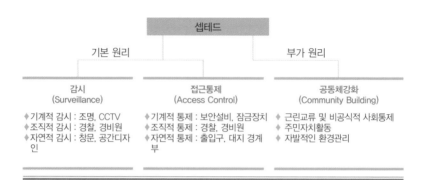

범죄예방디자인의 개념과 원리

```
                        섹테드

         기본 원리                        부가 원리

    감시                  접근통제              공동체강화
(Surveillance)        (Access Control)     (Community Building)
```

감시 (Surveillance)	접근통제 (Access Control)	공동체강화 (Community Building)
◆기계적 감시 : 조명, CCTV ◆조직적 감시 : 경찰, 경비원 ◆자연적 감시 : 창문, 공간디자 인	◆기계적 통제 : 보안설비, 잠금장치 ◆조직적 통제 : 경찰, 경비원 ◆자연적 통제 : 출입구, 대지 경계 부	◆ 근린교류 및 비공식적 사회통제 ◆ 주민자치활동 ◆ 자발적인 환경관리

를 모델로 한 것이다. 이런 뉴욕을 변화시킨 것은 1994년 뉴욕시장으로 선출된 줄리아니Rudolph Giuliani였다. 줄리아니 시장은 범죄율을 낮추기 위해 가장 먼저 거리의 낙서인 그래피티graffiti를 지우기 시작했다. 지하철 낙서를 제거하는 캠페인을 지속적으로 펼치면서 도시 분위기는 한껏 밝아지고 범죄율이 서서히 감소하기 시작했다. 낙서 지우기 캠페인은 깨진 유리창 이론에 근거한 것이었다. 결과적으로 뉴욕 할렘지역의 범죄율이 40퍼센트가량 떨어졌고 지하철 내의 범죄율은 75퍼센트나 줄어들었다. 살인사건 발생 횟수도 절반으로 떨어졌다. 깨진 유리창 이론이 증명된 셈이다.

이렇게 도시의 외관과 환경을 조금만 바꿔도 범죄를 크게 줄일 수 있다는 것이 증명되면서 도시 외관의 색채, 조명의 변화와 시설물의 설치를 통해 범죄를 미연에 예방할 수 있는 분위기로 만드는 범죄예방환경디자인 셉테드CPTED, Crime Prevention Through Environmental Design도 주목받고 있다. 범죄를 막는 디자인의 주요 원리로는 자연 감시, 접근 통제, 영역성 강화, 활용성 증대, 명료성 강화의 요소가 있다.

자연감시는 범죄가 일어나지 않도록 사람들의 시야를 넓혀서 자연스럽게 감시가 이루어질 수 있도록 하는 것이다. 예를 들어, 경비실의 유리창을 3면으로 늘리고, 투명 엘리베이터를 설치하는 식이다. 지하 주차장의 벽을 개방하고 으슥한 공원에 밝은 조명의 산책로를 설계해서 시야를 확보하면 사람들의 통행도 자연스럽게 늘어나면서 범죄가 줄어들 것이다. 즉, 일반인에 의한 가시권을 최대화할 수 있도록 건물이나 시설물을 배치하는 것이다. 이러한 방식은 단순히 중앙관제를 통해 감시하는 '파놉티콘panopticon*'형 감시에서, 만인에 의한 만인의 감시를 의미하는 '시놉티콘synopticon'형 감시가 자연스럽게 일어날 수 있도록 주변 환경을 조성하는 것이다.

접근통제는 범죄자가 숨을 수 있는 공간을 없애고 비정상적인 방법으로 건물을 침입할 수 없도록 설계하는 것이다. 허가받지 않은 사람들의 진출입을 차단시켜 범죄목표물에 접근을 어렵게 만들고 범죄 행위의 노출을 증대시키는 방법이다. 예를 들어, 침입경로가 되는 주택 외벽의 가스배관에 뾰족한 요철을 설치하거나 특수 약품을 도포해 바르는 방법이 있다.

영역성 강화는 해당 지역에 대해 지역 주민들이 자유롭게 사용하거

---

* 파놉티콘은 영국의 철학자 밴덤이 고안한 원형 감옥으로, 중앙 원형탑에서 모든 죄수를 감시하는 체제를 의미한다. 중앙의 '소수가 다수를 감시'하는 개념이었다. 이에 반해 동시에(sys)와 본다(opticon)의 단어가 결합된 시놉티콘은 서로가 서로를 감시하는 체계를 의미한다.

나 점유하게 함으로써 그들이 권리를 주장할 수 있도록 영역을 형성시켜주는 것을 말한다. 이를 위해 공간을 재배치해서 사적 공간과 공적 공간, 보행로와 차도 등의 구분을 정확하게 정리하기도 한다. 이렇게 되면 환경에 대한 주민들의 준법 의식이 높아져 공간이 깨끗하게 정돈되고, 범죄자에게 심리적 압박감을 줄 수 있다.

활용성 증대는 공공장소를 시민들이 활발하게 사용하도록 함으로써 일반인들의 눈에 의한 자연스러운 감시를 강화해 범죄 위험을 감소시키고 주민들이 안전감을 느낄 수 있도록 하는 것이다. 마을의 방치된 공간과 시설을 주민 휴게실, 문화 시설, 체육 시설 등으로 바꿔서 주민들이 활발하게 이용할 수 있도록 하는 것도 방법이다. 사람이 잘 다니지 않았던 곳을 더 많은 사람이 이용하게 해서 거리의 눈eyes on the street을 많이 두면 범죄 발생을 크게 줄일 수 있다.

명료성 강화는 골목길 구조를 단순화하거나 안내시설, 방범시설의 위치가 눈에 잘 띄도록 하는 것이다. 범죄가 발생했을 때 신속하게 대처할 수 있도록 명료성을 강화하는 것이다. 전봇대마다 큰 숫자를 표기해 명시하고, 비상벨도 눈에 잘 띄는 색으로 표시한다. 이로 인해서 범죄자들의 우범심리가 약화되고 주민들이 느끼는 불안감이 낮아질 수 있다.

최근 여성을 표적으로 한 강력범죄가 늘고 있는 가운데 강남역에서 여성을 무참히 살해한 사건이 발생하면서 여성을 대상으로 한 강력범죄 근절 대책 논의가 뜨겁게 이루어졌다. 무엇보다 도시 구조와 디자인 자체를 개선하여 사전에 사각지대를 없애고 범죄예방설계를 적

자료: 염리동 주민센터

위치 번호를 부착한 가로등, 비상시 도움을 요청하는 소금이지킴이 집 CCTV와 비상벨(왼쪽부터)

극적으로 적용해 미연에 범죄 발생을 막아야 할 것이다. 이렇듯 독신 여성과 노인들도 안심하고 생활할 수 있는 안전한 도시로 만들기 위해 다각적인 노력을 기울여야 할 때다.

CHAPTER

12

고령화 사회 비즈니스

1인 노인가구는 여러 측면에서 구조적으로 취약하다. 이를 이해하고 공공부문에서 이들을 위한 정책 대안을 마련해야 할 것이다. 취약한 취업구조를 개선하기 위해 1인 노인가구의 근로 기회를 확대해야 한다. 재취업 일자리나 공공 근로사업 등도 확대해 1인 노인가구가 안정적 소득에 기반해 삶의 질을 높일 수 있도록 도모해야 한다. 일본이나 독일 등 선진국 사례처럼 퇴직 고령자들을 위한 취업지원 컨설팅, 시니어 인턴제, 고령층 연수제도 등을 활성화할 수도 있다.

나 홀로 노인들을
위한 상품

1인 고령자들은 거동이 불편한 사람이 많고 상당수 독신 남성도 많기 때문에 요리하고 식사하는 것이 큰 문제다. 이러한 1인 고령자의 식생활을 위한 상품이 다양하게 출시되고 있다. 일본의 「닛케이 트렌디 2017」의 예측 순위 가운데 2위에 '밀키트Meal Kit'가 올랐다. 밀키트는 일반적인 슈퍼마켓이나 유통매장에서 구하기 어려운 식자재와 그 조리법을 소비자의 집까지 배달해주는 서비스다. 거동이 불편하거나 외출하기 어려운 노인들이 쉽게 식사를 즐길 수 있도록 편의를 제공하는 서비스로, 비교적 부유한 1인 노인층을 겨냥한 상품이다. 쿠킹

밀키트

박스Cooking Box 또는 레시피 박스Recipe Box로도 불리는 밀키트는 상세 레시피와 재료가 갖춰져 있어서 누구나 쉽게 요리를 할 수 있다.

스마트한 건강 검진,
웰니스케어

1인 노인가구는 무엇보다 건강상의 문제가 우려된다. 혼자 살기 때문에 다른 사람의 도움을 받기도 어렵고 건강상 문제가 긴급히 생겼을 때는 이만저만 곤란한 게 아니다. 이러한 문제를 해결하기 위해서는 무엇보다 독신 노인들의 건강 생활 독립을 보조하는 이른바 웰니스케어wellness care 가 체계적으로 구축되어야 한다.

이제 안티에이징을 넘어서 웰에이징Well-aging의 개념이 새롭게 부상하고 있다. 건강하고 행복하게 늙어가고 싶은 사람들의 심리를 반영하는 개념이다. 이를 위해 스위스 등의 선진국에서는 노인을 대상으로 스마트홈 시스템을 이용한 디지털 헬스케어가 체계적으로 구축되고 있다.

스위스의 도모세이프티DomoSafety, www.domo-safety.com는 노인들이 가정에서 건강하게 생활을 영위할 수 있도록 다양한 헬스케어 서비스를 제공한다. 이 서비스는 사물인터넷, 클라우드cloud, 머신러닝machine learning 기술을 접목해 사용자의 정보를 다양한 측면에서 수집하고 분석하여 대응한다. 혼자 사는 노인이 넘어지거나 건강상의 이상을 사전에 감

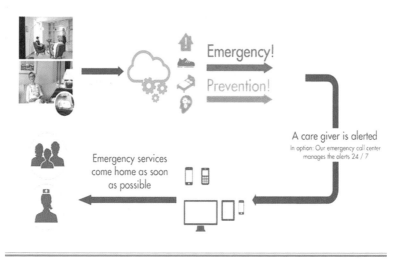

노인을 위한 디지털 헬스케어 시스템

Emergency!

Prevention!

A care giver is alerted
In option: Our emergency call center
manages the alerts 24 / 7

Emergency services
come home as soon
as possible

자료: DomoSafety(2016)

지하여 응급상황을 미리 예측할 뿐만 아니라 비상 알람 시스템을 통해 즉각적으로 대처할 수 있다.

노인을 위한 디지털 헬스케어 시스템은 첨단기술의 발전으로 인해 더욱 강화될 것이다. 여기에 더해 외부의 도움 없이도 독립적으로 생활할 수 있도록 고령자의 생활을 도와주는 고령친화 제품들도 다양해지고 있다. 이런 제품들이 많아지면 독신 노인들이 혼자서도 안심하고 일상생활을 할 수 있을 것이다. 고령자를 위한 대표적인 웰니스케어 제품들에는 다음과 같은 것이 있다.

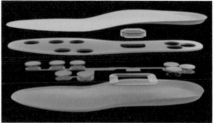

자료: www.24eight.com
www.footlogger.com

걸음걸이를 분석하는 스마트 슬리퍼와 스마트 깔창

낙상감지 및 응급호출기

낙상감지 제품은 목걸이, 슬리퍼, 벨트, 워치 등 여러 형태가 있다. 압력 및 동작 센서를 장착해 노인의 움직임을 감지하고 낙상 사고를 예방하는 슬리퍼가 대표적이다. 노인이 슬리퍼를 신고 집 안을 돌아다니면 걸음걸이를 자동으로 분석해주고 지그재그와 같은 비정상적 걸음 패턴이 감지되면 사전에 의료진에게 알려주어 낙상사고 등을 방지하는 것이다. 깔창 형태도 있으며 유사한 원리로 낙상 여부 및 걸음걸이 변화 분석을 통해 치매 여부까지 예측할 수 있다.

복약 알림 및 복약 여부 감지

고혈압, 당뇨 등을 앓고 있는 만성질환자의 40~50퍼센트가 약을 제때 먹지 않고 있다. 특히 나이가 들면 챙겨 먹어야 하는 약들이 많아져서 빠뜨리기 쉽다. 이러한 문제를 해결하기 위해 복약 알림 및 복약 여부를 감지하는 제품들이 출시되고 있다. 예를 들어 '스마트 약통'에는 주기적으로 먹어야 할 약을 잊지 않고 복용할 수 있도록 하는

복약 안내 스마트 약통

알람 기능이 있다. 약통의 뚜껑이 열리는 것을 감지하는 센서도 부착
돼 있어서 사용자가 약통을 들어올렸을 때 복약 여부를 실시간으로
체크해준다.

심지어는 복용 여부를 감지할 수 있도록 약 자체에 센서를 내장한
알약도 있다. 미국의 의약품 기업 헬리우스Hellius는 환자가 약을 복용
했는지 점검할 수 있는 스마트 알약을 개발하고 있다. 스마트 알약은
구리와 마그네슘으로 이뤄진 모래알만 한 센서가 약과 결합되어 있어
서 환자가 약을 먹으면 소화가 되면서 전기적 신호를 전송해 스마트
폰에서 확인 가능하다.

독거노인의 모니터링 서비스 '온콜'

'온콜'은 블루투스 기술을 통해 독거노인을 모니터링하는 기기다.
약통, 혈당기 같은 무선 의료기기를 사용할 때의 정보를 모아 언제
약을 복용해야 할지 보여준다. 뿐만 아니라 노인이 넘어졌을 때 가족
에게 알려주며, 응급 시에는 버튼을 눌러 도움을 요청할 수 있는 팔

자료: www.bosa.co.kr, 리프트웨어 홈페이지

온콜   구글의 리프트웨어

찌도 함께 제공된다.

노인의 신체 및 오감 능력 보완

파킨슨병에 걸리면 신경세포 손상으로 인해 신체 떨림, 자세 불안정이 나타나 제대로 수저를 들기조차 어렵게 된다. 이러한 환자들을 위해 숟가락에 담긴 음식물이 떨어지지 않도록 손 떨림을 보정해 원활한 식사를 도와주는 보조기기 제품이 리프트웨어Liftware에 의해 개발됐다. 그리고 구글에서 이 업체를 인수했다.

원격 의료 서비스

일본 MRT사는 스마트폰, 태블릿 등의 기기를 이용해서 의사와 원격 상담 등을 지원한다. 현재 일본 내 1,340개 정도의 의료기관이 참여하고 있지만 2019년까지 1만 개 이상으로 확대할 계획이다. 그리고 추가로 환자의 정보를 저장해 자동으로 분석함으로써 질환을 조기에 발견하는 시스템을 구축하고 있다.

자료: MRT사 홈페이지

인공지능 간호사 몰리

원격 의료를 지원하기 위해 인공지능기술도 많이 활용된다. 미국 벤처기업 센스리Sense.ly가 개발한 인공지능 간호사 몰리Molly는 퇴원 후 집에서 환자의 건강 상태를 모니터링하고 고급 음성인식 기능을 갖추어 대화를 통해 환자를 간호한다. 환자는 몰리가 지시하는 대로 약을 복용하고 화상 상담을 통해 의사와 상담도 할 수 있다. 가상 간호사의 친근감으로 환자를 치료하는 것이 특징이다.

건강 체크, 마음 체크, AI 감성 로봇

영국의 시니어 커뮤니티 사이트 에이지UKageUK의 조사에 따르면, 영국 내 75세 이상 인구 중 절반 가까이가 혼자 살고 있으며, 100만 명이 넘는 사람들이 항상 외로움을 느낀다고 한다. 이 중 36퍼센트는 하루 한 명 미만의 사람과 대화를 나누며 11퍼센트는 한 달에 5일은 아무도

보지 않고 지낸다. 고령 인구의 절반을 차지하는 65세 이상 영국인의 49퍼센트는 텔레비전이나 반려동물하고만 상호작용을 하고 있다.

혼자 사는 노인들이 많아지면서 그들의 외로움을 달래줄 수 있는 감성로봇이 새로운 역할을 하게 될 것으로 보인다. 대표적인 것이 대화형 로봇 '페퍼pepper'다. 페퍼와 같은 로봇을 가리켜 휴머노이드humanoid 로봇이라고 한다. 휴머노이드는 머리와 몸통, 팔, 다리 등 사람의 신체 모양을 가지고 있기 때문에 사람으로 하여금 호감도를 높이고, 감성적 공감을 하게 한다. 이를 '언캐니 밸리 효과uncanny valley effect*'라고 한다.

이러한 감성 로봇이 인간과 교감할 수 있는 기반에는 인공지능기술이 있다.

사물인터넷 기술 역시 센싱 정보를 단순히 알리고 제어하는 수준을 넘어 사람처럼 감성적 경험과 서사적 이야기로 발전시키는 이른바 '엠비언트 인텔리전스Ambient Intelligence**'로 강화되고 있다.

인공지능 로봇 페퍼는 2015년 6월부터 판매를 시작했으며, 신장은 120cm 정도고 걷는 대신 바퀴로 이동한다. 페퍼는 사람의 표정과 목

---

* 사람들이 로봇을 받아들이고 동료와 같이 인정하는 데는 외모 임계치가 있다. 로봇이 인간의 모습과 유사해질수록 로봇에 대한 호감도가 증가하다가 어느 수준을 넘게 되면 갑자기 강한 거부감으로 바뀌게 된다. 이를 '언캐니 밸리(불쾌한 골짜기) 효과'라고 한다. 하지만 로봇이 외모와 행동이 이 수준을 넘어 인간과 거의 구별이 안 될 정도가 된다면 인간의 로봇에 대한 호감도는 증가해 사람에 대해 느끼는 감정 수준까지 올라가게 된다.

** 사람의 존재를 인식하여 사용자가 원하는 때에 즉각적으로 정보를 제공해주는 네트워크를 가리킨다. 이 환경에서는 모든 사물의 정보 등이 실시간으로 공유되며, 모든 장소와 사물들이 센서를 내장하고 있어 사람과 유사하게 스스로 지능적인 의사결정을 한다.

자료: 소프트뱅크

인공지능 로봇 '페퍼'의 홍보사진. "월급 5만 5,000엔으로 일하겠습니다"라는 문구

소리를 분석해 그의 감정을 추측하는 '감정엔진'이 탑재되어 있어 이를 기반으로 생각하고 행동한다. 동일한 상대방과 대화를 자주하면 상대에 대한 분석이 깊어지고 다양해진다. 또한 자동으로 데이터를 인터넷에 전송하여 클라우드 서버에 연결된 다른 페퍼들과 정보를 교환하며 학습속도를 증가시킨다.

노인을 위한 애완견이나 애완묘 로봇도 등장하고 있다. 미국 완구업체 하스브로Hasbro는 로봇 고양이 '조이 포 올Joy For All'을 출시했다. 로봇 고양이는 실제 고양이의 모습과 매우 흡사하다. 로봇은 배와 머리에 센서를 내장하고 있어서 사람이 만지면 반응한다. 고양이처럼 '갸르릉' 한다거나 '야옹' 하며 울기도 한다. 하스브로는 홈페이지에 "반려 고양이는 만져주거나, 안아주는 행동에 반응합니다. 당신이 이미 알고 있고, 사랑하는 실제 고양이처럼 말이죠."라고 소개한다.

이스라엘 로봇기업 인튜이션 로보틱스Intuition Robotics는 노인들과 대화하는 토크 로봇 '엘리큐Elli.Q'를 개발했다. 소셜 로봇인 엘리큐는 노인들이 사회적 고립감을 느끼지 않도록 대화하며 복약 안내를 하고

자료: www.joyforall.com

하스브로의 조이 포 올 고양이

노인과 적극적인 사교활동을 하도록 고안됐다. 다양한 언어, 톤, 보디랭귀지, 빛 등을 통해 감정을 풍부하게 전달하도록 만들어졌다. 노인들의 정신적 활동성이 유지될 수 있도록 독서, 산책, 게임 등을 권유하거나 친구에게 전화 걸기를 제안하기도 한다. 특히 주인이 좋아하는 것을 배우기 위해 점차적으로 자신의 프로그래밍을 맞춤화하기도 한다. 소셜 로봇은 노인들의 감정적 고립감을 완화하는 커뮤니케

자료: 인튜이션 로보틱스

인튜이션 로보틱스사의 엘리큐

이션 코디네이터가 되기도 하며, 평생 학습의 지원자이자 코치 역할
도 하게 되는 것이다.

1인 노인가구의
현재

우리나라는 늦은 결혼과 비혼, 이혼과 별거, 고령화 현상으로 인해
독거노인이 증가하고 있다. 통계청에 따르면 70세 이상 1인 가구는
1985년 7.3퍼센트에서 2015년 27.6퍼센트로 4배 가까이 증가했다.
60대 이상 1인 가구의 비중은 2015년에는 34퍼센트였고, 2035년이
되면 53.7퍼센트로 상승할 전망이다.

고령층은 시간이 지날수록 건강이 취약해지는 문제가 있다. 인구
고령화로 인해 우리나라의 노인진료비는 가파른 상승세를 타고 있
다. 국민건강보험공단에 따르면 10년 전인 2005년에 비해 2015년 65
세 이상 노인 1인당 월평균 진료비는 2.5배 증가한 27만 6,000원으
로 나타났다. 2015년 노인 진료비는 22조 2,000억 원. 전체 진료비의
37.8퍼센트를 차지할 정도로 노인의 건강 문제는 앞으로 더욱 중요
한 사회문제가 될 것이다.

60대 이상의 1인 가구는 미래 수입의 불확실성이 강해 소비성향이
전반적으로 축소되고 있다. 전체 1인 가구의 소비성향은 상승했지만
60대 이상의 1인 가구에서는 하락하고 있다. 다른 연령대의 1인 가

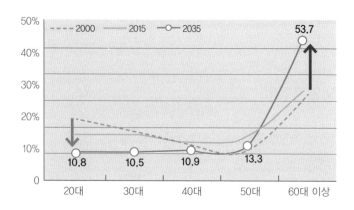

자료: 통계청

구의 경우 소득 증가폭보다 소비 증가폭이 높게 나타나지만 노인 1인 가구는 소비 증가폭이 크지 않아 평균 소비성향이 축소되고 있다. 무엇보다 노인 1인 가구는 경기침체가 지속되고 고용이 불안정해짐에 따라 미래의 안정적인 수입에 대한 기대가 불투명하여 소득이 늘어나고 소비의 증가가 이루어지지 못하고 경직되는 것이다. 특히 60대 이상 1인 가구의 엥겔계수(식료품 지출 비중)와 슈바베계수(주거비 지출 비중)가 가장 높고 상승속도도 가장 빨랐다. 즉 가처분소득이 작아서 필수재를 구매하는 비율이 높은 반면, 삶의 질을 향상시키기 위한 소비활동은 오히려 위축되는 것으로 보인다.

60대 이상 1인 가구는 근로안정성도 매우 취약하다. 우선 다른 연령대의 1인 가구에 비해 상대적으로 취업률이 현격히 낮으며, 취업한 노인가구의 경우에도 젊은 1인 가구에 비해 취업구조가 상대적으로 취약하다. 20·30대 1인 가구는 주로 전문직이나 사무직에 취업하고 있는 반면, 60대 이상 1인 가구는 단순 노무직이 가장 높은 비중을 차지하고 있어서 안정성이 상대적으로 떨어진다.

1인 노인가구는 여러 측면에서 구조적으로 취약하다. 이를 이해하고 공공부문에서 미리 이들을 위한 정책 대안을 마련해야 할 것이다. 취약한 취업구조를 개선하기 위해 1인 노인가구의 근로기회를 확대해야 한다. 재취업 일자리나 공공근로사업 등도 확대해서 1인 노인가구가 안정적 소득에 기반해 삶의 질을 높일 수 있도록 도모해야 한다. 또는 근로능력이 있는 저소득층 노인가구의 경우 공공근로사업이나 가교일자리 등을 확대해 사업참여를 유도하고 소득여건을 개선할 수 있도록 해야 할 것이다. 일본이나 독일 등 선진국 사례처럼 퇴직 고령자들을 위한 취업지원 컨설팅, 시니어 인턴제, 고령층 연수제도 등을 활성화할 필요도 있다.

고독사 예방
프로젝트

고령화 사회로 갈수록 고독사, 무연사의 문제가 심각해지고 있다. 향후 이들을 위한 사회적·제도적 지원도 이루어져야 한다.

서울시 성동구에서는 2017년부터 '식사합시다' 프로젝트가 시작됐다. 저소득 청장년 1인 가구와 프로젝트 위원이 독거노인의 집을 방문해 직접 요리를 해 먹는 프로젝트다. 이는 지역공동체와의 연대를 통해 고령 1인 가구를 심리·사회적으로 보호한다.

1인 가구의 고독사가 잇따르자 지자체에서는 다양한 고독사 대책을 내놓고 있다. 부산시는 '고독사 예방대책'으로 담당 공무원의 독신 노인 방문 및 상담을 강화하고 주민 네트워크를 통해 독거노인을 제도적으로 지원하는 '독거노인 지원 조례'를 발의했다. 강원도도 '노인 고독사 예방 및 지원에 관한 조례'를 제정해 고독사 예방을 위한 제도적 지원을 하고 있다. 울산 북구는 독거노인에게 단짝 친구를 만들어주는 '독거노인 친구 만들기' 사업을 진행하고 있다. 믿을 수 있는 친구를 통해 상호 돌봄 체계를 구축하기 위한 것이다. 이외에도 여러 지자체에서 독거노인의 돌봄과 지원을 위한 다양한 대책을 내놓고 있다.

고독사는 이제 우리에게 실제 문제로 다가오고 있다. 심지어는 젊은 사람들에게까지 고독사가 확산되고 있다. 이런 고독사 문제에 대비하기 위해서는 궁극적으로 사회안전망을 강화해야 하는 한편 국가적 차원의 종합적인 대책이 필요한 시점이다.

13

커스터마이징 비즈니스

유통 4.0시대의 도래는 소비의 개인화를 가속화하고 있다. 큐레이션은 최적의 상품·
서비스 조합을 구현함으로써 소비자에게 최대의 만족을 이끌어낸다. 온디맨드 경제는
시간과 공간을 넘나들며 1인 가구 소비자의 일상으로 깊이 스며들고 있다.

맞춤 프리미엄
서비스

1인 가구의 증가로 소비의 개인화(個人化)가 화두로 떠오르고 있다. 소비의 개인화를 달성하는 가장 핵심 전략은 제품과 서비스의 커스터마이제이션customization이다. 제품과 서비스의 맞춤화 전략은 4차 산업혁명 시대를 맞이하는 1인 가구 소비시장을 대비하는 가장 중요한 요소 중 하나다. 맞춤화 전략은 다양한 장점을 제공한다. 무엇보다 맞춤화는 1인 가구 소비자의 시간과 비용을 절약해줄 수 있다. 이는 1인 가구의 편리하고 효율적인 생활을 가능케 한다. 또한 맞춤화 전략은 프리미엄의 제품과 서비스의 구현을 가능케 한다. 자신에게 정확하게 들어맞는 제품과 서비스를 받은 소비자는 큰 만족감을 얻을 수 있기 때문이다.

최적의 서비스를 위한
큐레이션

정보과잉시대에 소비자들은 길을 잃고 있다. 선택지가 너무 많아 무엇을 선택해야 할지 모르는 햄릿증후군Hamlet Syndrome에 시달리고 있는 것이다. 자신의 취향을 본인 스스로도 잘 모르기 때문에 시중에 어떤 제품이 있는지도 모르는 상태에서 오는 불안감을 느끼는 경우가 많다. 인포데믹스infodemics, information+ epidemics라고 일컬어질 만큼 잘못된 정보가 넘쳐나며 데이터 스모그data smog[*]가 심해 옳지 못한 판단을 할 가능성도 많다. 1인 가구는 소비의사결정을 할 때 옆에서 도와줄 사람도 부족하기 때문에 이러한 문제는 좀 더 심각하게 다가온다.

큐레이션은 미술관이나 박물관의 전시 작품을 기획하고 관람객들에게 설명해주는 큐레이터에서 파생된 단어다. 최근 들어 큐레이션 서비스는 IT를 활용해 개개인에게 적합한 맞춤형 정보와 서비스를 선별해 제공하는 기능을 말한다. 『큐레이션』의 저자 스티븐 로젠바움Stephen Rosenbaum은 큐레이션은 "인간이 수집, 구성하는 대상에 질적인 판단을 추가해 가치를 더하는 일"이라고 했다. 인터넷과 모바일을 기반으로 디지털 산업이 급성장하면서 큐레이션은 오늘날 많은 기업들의 핵심 전략으로 자리 잡고 있다.

현대의 소비자에게 '만족'이라는 단어보다 더 중요한 것은 '최적'이라는 단어다. 소비자가 자신의 선택을 통해 느낄 수 있었던 '만족'을, 전문적인 존재가 자동으로 제공해주는 '최적'의 옵션으로 대체하기를 원하기 때문이다. 무엇보다 큐레이션 커머스는 사용자에게 맞춤화된 상품을 추천해준다. 사용자의 과거 구매이력, 사용자의 특성에 초점

---

[*] 인터넷의 급속한 발달로 쏟아져 나오는 많은 정보들 중 필요 없는 쓰레기 정보나 허위정보들이 마치 대기오염의 주범인 스모그처럼 가상공간을 어지럽힌다는 뜻에서 유래된 용어다. 미국의 데이비드 섕크(David Shenk)가 출간한 『데이터 스모그』라는 책 제목에서 유래됐다.

을 맞춰 개인화된 추천 제품을 제안한다.

이 중에서 콘텐츠 큐레이션은 IPTV 등에서 고객이 많이 시청하는 채널이나 콘텐츠의 종류를 분석해 소비자에게 맞춤화된 추천 콘텐츠를 우선 제공한다. 멜론이나 벅스뮤직 같은 음원 서비스에서도 고객의 음원 소비 취향을 분석해 최적의 음악 콘텐츠를 큐레이션한다.

세계 최대의 동영상 스트리밍 기업 넷플릭스Netflix는 자사가 보유한 3만 개 이상의 영화를 체계적으로 분류하고 시청 시간과 성향, 선호도를 종합적으로 분석해 고객에게 맞춤 영화를 추천한다. 현재 넷플릭스 이용자의 80퍼센트 이상이 큐레이션 서비스에 만족할 정도로 반응이 좋다. 넷플릭스는 큐레이션 서비스를 보다 정교하게 개선하기 위해 지속적으로 시스템을 발전시키고 있다.

아마존의 제프 베조스Jeffrey Bezos는 쓰러져 가던 「워싱턴포스트」를 인수한 뒤 큐레이션 서비스를 접목해 기업을 살려냈다. 「워싱턴포스트」는 아마존의 북매치 기술에 착안해 뉴스를 추천해주는 클래비스clavis라는 큐레이션 기술을 만들었다. 클래비스는 사람들이 읽은 기사의 주요 문구와 내용을 분석해서 좋아할 만한 기사를 추천해주는 알고리즘이다. 「워싱턴포스트」를 방문한 사람들은 클래비스 기반의 큐레이션 서비스를 사용해 관심이 없는 뉴스는 건너뛰고 취향에 맞는 뉴스만 편리하게 골라 읽을 수 있다. 클래비스의 사용에 힘입어 「워싱턴포스트」의 고객 숫자와 매출액은 크게 늘었다.

우리나라의 대표적 포털업체인 네이버와 다음 카카오는 AI를 활용하여 뉴스와 콘텐츠 추천 기술을 발전시키고 있다. 빅데이터 기반의 단순한 추천에서 더 나아가 개인의 반응과 사용패턴 등을 학습하여 이를 바탕으로 개인의 취향에 맞는 콘텐츠를 추천하는 것이다. 수많은 뉴스 중에서 개인의 행동반응과 사용패턴을 분석해서 관심 분야에 맞는 뉴스를 추천하고 노출한다.

카카오의 토로스는 이용자들의 행동패턴을 분석해 콘텐츠를 추천한다. 토로스가 적용된 카카오페이지에서 특정 작품을 보면 이와 연관된 작품을 추천해주는 것은 물론, 감상한 콘텐츠를 기반으로 좋아할 만한 콘텐츠를 푸시 알림으로 추천해준다. 토로스는 현재 카카오페이지를 비롯해 다음뉴스·1boon·브런치·다음웹툰·다음카페·카카오TV·카카오뮤직·카카오메이커스 등에 적용돼 있다.

네이버도 AI 추천 시스템 'AiRS(에어스)'와 개인 맞춤형 큐레이션 서비스 앱 '디스코DISCO'를 통해서 개인 취향에 맞는 콘텐츠를 추천해주고 있다. 디스코가 추천 엔진을 활용해 앱을 실행하면 사용자가 좋아하는 콘텐츠들을 보여줄 뿐만 아니라 같은 취향을 지닌 유저들도 추천해서 새로운 주제와 콘텐츠를 함께 즐기도록 돕기도 한다.

컴퓨터가 자동으로 사람들의 취향을 찾아내 추천해주는 것에 더해 이제는 개개인이 자신의 취향에 맞게 직접 선택한 정보를 다른 사람과 공유할 수 있다. 이른바 소셜 큐레이션social curation이 새로운 트렌드로 자리 잡고 있다. 컴퓨터의 천편일률적 분류와 달리 자기와 비슷한 사람들이 추천하는 제품에 공감을 느끼는 사람들이 많아지면서 소셜 큐레이션의 활용도가 높아지고 있다. 특히 소셜 큐레이션을 통해 사람들의 집단지성을 활용하는 장점도 극대화할 수 있다.

DNA
맞춤형 제품

개개인이 자신의 유일무이한 특징을 살려 커스터마이징하고자 하는 욕구는 DNA 분석 사업모델로까지 발전했다. DNA를 분석하기 위해 고유의 유전자 정보를 채취하는 것은 기술적으로 어렵고 비용이 많이 든다. 주로 난치병 치료나 과학 수사 등에 사용돼 왔다. 그러나 기술이 발전하고 대중화되면서 일반인들도 DNA 분석 기반의 맞춤 제품이나 서비스가 새롭게 등장하고 있다.

세상에 단 하나뿐인 나만의 미술 작품, 'DNA 11'

DNA 11은 DNA프린팅이라는 기법을 통해 개인의 유전자 정보를 세상에 유일무이한 예술작품으로 만들어주는 업체다. 작품을 주문하려는 고객은 온라인 신청을 통해 유전자 채취 키트에 동봉된 면봉으로 입 안을 긁어낸 뒤 업체로 보내면 업체는 개인의 DNA의 염기서열을 분석해 고객이 원하는 색깔을 입혀 DNA의 모습을 평면에 인쇄하

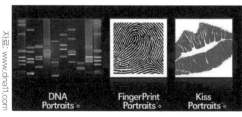

자료: www.dna11.com

DNA 액자

여 작품으로 제작한다. DNA는 일란성 쌍둥이가 아닌 이상 모든 사람들이 다르기 때문에 세상에서 유일무이한 프린팅이 된다. 세상에 단 하나밖에 없기 때문에 희소가치가 있고 자신만의 것을 간직하고 싶은 사람들에게 큰 인기를 끌고 있다. 원하는 고객은 입술이나 지문 프린팅을 작품화하여 주문할 수 있다.

유전자 정보를 기반으로 한 나만의 라이프스타일 솔루션, 미놈 Miinome

DNA 분석을 통해 건강 관리나 치료에 도움이 되는 정보를 제공하는 기업들은 많지만, 미놈은 유전자 데이터를 페이스북 등의 SNS 데이터와 연동한다는 차별점이 있다. 예를 들어, 유전적으로 탈모가 될 가능성이 높은 이용자가 SNS에 최근 담배를 많이 피운다거나 스트레스를 받고 있다는 징후가 감지되면 미놈의 알고리즘이 이를 파악해

미놈 홈페이지

탈모 위험을 알리고 담배와 스트레스를 줄이는 방법을 추천한다. 이용자가 동의할 경우 전문가의 상담을 받을 수도 있다.

미각 DNA를 찾아주는 맥주

영국 런던의 한 맥주회사는 소비자의 DNA에 따라 가장 적합한 맛을 가진 '맞춤 맥주' 제조 서비스를 제공한다. '민타임Meantime'이라는 이름의 이 맥주회사는 소비자 각각의 DNA를 분석하고, 그들의 가진 DNA 특징을 기반으로 가장 선호할 만한 맛을 골라 맞춤 맥주를 만들어 제공한다. 본래 쓴맛을 가진 이 맥주에 소비자의 유전적 특징에 기반한 선호에 따라 단맛 혹은 쓴맛을 추가해 새로운 맛을 만들어내는 것이다. 면봉을 이용해서 구강 내부에서 채취한 샘플을 분석해 유전자의 주인이 가진 DNA가 단맛과 쓴맛 등의 다양한 맛 중에 어느

자료: mentimebrewing.com

DNA 맞춤 맥주

쪽에 더 가까운지 분석한다. 유전적으로 선호하는 맛을 지닌 맥주를 맛볼 수 있는 장점이 있다. 자신의 DNA 맞춤 맥주를 구매하는 데 드는 비용은 무려 2만 5,000파운드, 한화로 3,700만 원에 달한다. 물론 이 가격을 지불하면 DNA 맞춤 맥주를 약 1,200리터까지 소장할 수 있다. 세상에 단 하나밖에 없는 맥주로 원하는 이름을 만들어 붙일 수 있고, 전문 디자이너가 제작한 맞춤 디자인 병에 담아갈 수 있다.

온라인에서 오프라인으로, O2O

O2O란 'Online to Offline', 말 그대로 '온라인에서 오프라인으로 옮겨 온다'는 뜻이다. 스마트폰과 같은 휴대용 IT기기의 사용이 보편화되면서 일상 속에서 때와 장소를 가리지 않고 온라인에 접속할 수 있게 됐다. 온라인과 오프라인의 벽이 무너지고 있는 것이다. 면세점 쇼핑처럼 오프라인 매장에서 실물을 확인하고 온라인 홈페이지에서 물건을 주문하는 것도, 부동산 앱을 이용해 사진으로 미리 집을 구경하고 오프라인에서 실제 계약을 진행하는 것도 모두 O2O의 일종이다.

O2O 시장은 빠르게 성장하고 있다. 전 세계적으로 급성장하고 있는 에어비앤비, 우버 등의 혁신적인 스타트업은 대부분 O2O 서비스를 기반으로 하고 있다. 온라인 시장과 오프라인 시장을 어떤 방식으로 결합하는가에 따라 앞으로도 무궁무진한 비즈니스가 창출될 것이다.

온디맨드, 1인 가구의
생활을 바꾸다

개인 맞춤형 온디맨드 서비스는 고객 커스터마이제이션을 보다 신속하고 효율적으로 만들어내고 있다. 특히 혼자 사는 남성들은 많은 숫자가 꽃중년, 그루밍족으로 일컬어질 정도로 외모 가꾸기에 관심이 많다. 이러한 남성들을 대상으로 맞춤형 온디맨드 비즈니스가 다양하게 등장하고 있다.

패션 온디맨드

남성 커스텀 패션 브랜드 스트라입스Stripes는 소비자가 온라인을 통해 옷을 주문하면, 회사의 스타일리스트가 직접 고객을 방문해 신체 사이즈를 재고 데이터베이스에 입력한다. 이렇게 셔츠를 한 번 주문한 고객의 신체사이즈 정보는 스트라입스에 보관되고, 이후부터는 인터넷, 스마트폰으로 간편하게 맞춤 셔츠를 주문할 수 있다. 또한 제작 이후 고객의 맘에 들지 않으면 고객이 만족할 때까지 셔츠를 수선해 맞춤 제작이 가능하다. 첫 아이템은 셔츠로 시작했지만, 이제는 수트, 코트, 바지, 양말, 넥타이 등으로 아이템을 대폭 확대했다.

남성 구두에도 맞춤형 서비스가 등장했다. 맨솔Mansole은 찾아가는 구두 맞춤 제작 O2O 서비스다. 홈페이지나 SNS에서 신청하면 직원이 직접 고객을 방문해 발 모양과 치수를 3D로 측정해준다. 방문한 직원은 고객에게 어떤 구두가 맞을지도 컨설팅하고 적당한 제품을 추천해주기도 한다. '메이드 인 서울Made in Seoul'을 표방하며 성수동의 구두 장인이 수제로 직접 제작하는 구두는 14만 원대로 구매할 수 있다. 값비싼 백화점 구두보다 저렴한 데다가 장인이 직접 만드는 맞춤 구두를 받아볼 수 있어 인기를 끌고 있다.

생활심부름 온디맨드

청소도우미나 심부름, 간병 서비스에서 시작한 대행 서비스는 O2O 온디맨드 비즈니스 시대를 맞이하며 다양하게 발전하고 있다. 대행 서비스는 이제 명절에 차례상을 차려주는 서비스부터 상조 서비스까지 우리 생활 전반에서 편리함을 더해준다. 특히 시간이 부족한 1인 가구에게 대행 서비스는 대단히 편리하다.

혼자서 직장일과 집안일을 함께하기 힘든 1인 가구들은 무엇보다 생활밀착형 서비스가 필요하다. 온디맨드 서비스는 집 안 청소, 세탁, 배달 등 다양한 생활 서비스를 제공한다. 우리나라의 대표적인 심부름 대행 서비스 업체로는 '애니맨'이 있다. 소비자가 애니맨 앱을 설치하고 원하는 서비스를 실시간으로 요청하면 자신의 주변에 있는 헬퍼helper들이 수요에 대응해 심부름 서비스를 해주는 것이다. 이외에도 생활밀착형 도움 서비스로 배달, 세탁, 의료, 교육 등 다양한 도움이 혼자 사는 사람들을 위해 제공된다.

세탁물 배달 온디맨드 서비스도 등장했다. 바쁜 일상 속에서 세탁소에 직접 세탁물을 맡기기 어려울 때 이 세탁물 수거 배달 서비스를 이용할 수 있다. 사용자는 직접 세탁소에 가지 않고도 앱 등을 통해 세탁물 수거에서 배달까지 시간과 장소를 지정하고 세탁물을 이에 맞춰 정확하게 받아본다. 클린바스켓Clean Bascket, 리화이트Rewhite, 워시온 Washon 같은 업체가 이러한 서비스를 제공하고 있다. 이 업체들은 대부분 세탁물의 수거시간을 웹 또는 앱으로 신청하고 모니터링한다.

푸드테크Food-Tech 온디맨드

젊은 싱글 남녀에게 먹거리는 가장 큰 문제다. 특히 남성의 경우 문제가 더 큰데 제때 밥을 챙겨먹지 않아 영양불균형 상태가 심각하다. 이들에게 가장 큰 고민은 시간이 너무 없다는 것이다. 출근시간에는 바쁘고, 퇴근해서는 힘들어서 밥을 챙겨먹기가 어렵다. 이들의 먹거리 문제를 해결해줄 수 있는 것이 온디맨드 서비스다.

푸드테크 온디맨드의 가장 기본적인 서비스는 배달앱이다. 우리나라에는 '배달의 민족'이나 '요기요', '배달통' 등의 업체가 있다. 미국도 배달 서비스 시장 규모가 700억 달러(약 78조 8,200억 원)에 이르고 있다. 아마존은 구글의 강력한 검색 서비스를 기반으로 '아마존 프레시'를 출시했고, 차량 공유 업체인 우버도 '우버 잇'이라는 명칭으로 음식 배달 사업을 시작했다.

푸드테크 온디맨드는 이제 단순한 음식 배달 서비스를 넘어 다양한 형태로 발전하고 있다. 예를 들어, 싱글 남성이 토요일 오후에 집에서 직접 멋진 요리를 해먹고 싶을 때는 어떻게 해야 할까? 그럴 땐 '레디투쿡' 앱을 활용하면 간편하게 맛있는 음식을 요리하는 즐거움을 느낄 수 있다. '블루 에이프런' 앱은 정확하게 계량하고 손질된 식재료와 레시피를 고객에게 배달한다. 신선한 재료와 정확한 레시피로 누구나 손쉽게 고급 레스토랑 수준의 결과를 얻게 된다. 이러한 서비스를 이용한다면 혼자 사는 사람도 얼마든지 친구들을 초대해 홈파티를 열 수 있을 것이다. 이외에 '푸드플라이'나 '부탁해', '셰프의 레시피' 등의 업체도 음식을 만들 수 있는 레시피와 함께 식재료를 집으로 배송해준다.

1인 가구의 식품영양섭취의 불균형 문제는 심각하다. 아침식사를 하지 않는다고 응답한 1인 가구의 비중은 2인 가구의 두 배 정도에 달하며 불규칙적으로 식사한다고 응답한 비율도 절반에 가까운 수치를 보이고 있다. 1인 가구의 권장 섭취 기준 대비 영양소 섭취 비율은 2인 이상의 가구에 비해 전반적으로 낮았으며, 영양소 섭취 부족자의 비율도 두 배 정도 높은 수치를 보이고 있다. 1인 가구는 시간이 부족하기 때문에 식사를 준비하기에 여유가 없는 것이다.

이런 상황에서 식사가 불규칙적이고 불균형한 1인 가구를 위해 음식을 배달해주는 일명 '푸드 서브스크립션Food Subscrition' 서비스가 주목된다. 1인 가구를 위해 신선식품을 정기적으로 배달해주는 서비스, 신선한 건강 녹즙을 고객의 집까지 매일 배달해주는 서비스, 신선하고 좋은 품질의 과일을 고객이 원하는 날짜에 정기적으로 배달해주는 서비스도 나타나고 있다. 이외에도 샐러드 건강 도시락만을 취급하

푸드테크 온디맨드 사업영역	
분야	업체(브랜드)
음식 배달 서비스	배달의 민족, 요기요, 배달통, 미래식당, 덤앤더머스, 요리버리, 헤이브래드, 브레드베어, 아마존 프레시(미국), 우버잇(미국), 그럽허브(미국), 딜리버루(영국), 테이크잇이지(벨기에), 저스트잇(덴마크, 배달로봇 이용)
맛집 추천 및 예약 대행 서비스	망고플레이트, 식신핫플레이스, 포잉, 레드테이블, 다이닝코드
모바일로 커피나 음식을 주문한 후 매장을 방문해 직접 먹을 수 있는 O2O 서비스	시럽오더, 카카오오더, 사이렌오더
음식을 만들 수 있는 레시피와 필요한 식재료를 집으로 배달하는 서비스	푸드플라이, 부탁해, 배민라이더스, 테이트샵, 푸드마스, 셰프의 레시피, 홈메이드 파티
식재료를 배송하는 서비스	마트플라이, 마켓컬리, 롯데프레시, 언니네텃밭, 무릉외갓집
레시피를 공유하는 서비스	이밥차, 만개의 레시피, 해먹남녀
지능화된 농장 스마트팜	에어로팜즈(미국, 도심 수작농장 운영), 프레이트 팜즈(미국, 재배 공간으로 오래된 컨테이너 박스 재활용)
IT 기기 이용한 새로운 요리법으로 식생활 변화형 서비스	바이플로 및 푸드잉크(미국, 3D 푸드 프린터로 요리)
대체식품 개발 서비스	Exo, Chapul, Six Foods(이상 미국, 귀뚜라미 등 식용 곤충 활용

자료: 한국창업경제신문

는 업체도 생겨나고 있다. '배민 프레시'는 동네 빵집들과 제휴를 맺어 매일 아침마다 갓 구워 낸 빵을 소비자에게 배달해주는 서비스를 시작했다. 이외에도 제육쌈밥, 돼지고기김치찜, 감자탕, 콩나물밥, 단호박죽 등 아침에 해먹기 번거로운 음식까지도 솔로족들이 간편하게 배달시켜 먹을 수 있게 됐다.

푸드테크는 1인 가구의 증가와 더불어 향후 큰 성장이 기대되는 사업영역이다. 중국에서도 O2O 음식 배달 시장 규모가 2015년 442억 4,000위안에서 2018년 1,500위안(약 25조 1,000억 원)까지 급증할 것으로 예측되고 있다. 특히 1인 가구 직장인을 중심으로 시장이 급성장하고 있는 상황이다.

음식 배달 서비스의 방식도 진화하고 있다. 이제는 사람이 아닌 드론과 로봇이 배달하는 방식이 도입되기도 한다. 실제로 덴마크의 배달업체 '저스트잇'은 배달로봇을 이용한 시범 서비스를 시작했다. 또한 빅데이터 분석을 통해 고객들의 성향에 맞춤화한 메뉴, 레시피 등을 특화시키는 음식 배달 서비스가 등장하고 있다.

푸드테크 온디맨드 사업영역은 1인 가구의 증가와 함께 배달 서비스를 넘어서 맛집 추천 및 예약 서비스, 레시피를 공유하는 서비스, O2O 주문 서비스와 같은 효율성을 강조하여 빠르게 성장하고 있다. 여기에 혼자 사는 사람들을 위한 간편 대체 식품 분야와 3D프린터를 이용한 요리 등 IT 기술이 접목되고 있다. 현대인의 식생활을 변화시키는 다채로운 서비스들이 등장하며 혁신을 거듭하고 있는 것이다.

헬스케어 온디맨드

치과 가는 것이 겁이 나는 싱글 남녀가 많을 것이다. 이제는 내 집 거실에서 편안하게 치료를 받을 수도 있다. 미국 스타트업 '포슬린

Porcelane'은 온디맨드 치과 서비스를 출시했다. 사용자가 모바일 앱을 통해 방문 검진 또는 치료 서비스를 예약하면 해당 시간에 약속한 장소로 치과의사가 방문한다. 치과의사는 치료에 필요한 환자용 의자, 의사용 스툴, 치료 도구 상자, 압축된 공기와 물, 호스를 갖춘 4개의 가방을 가지고 다닌다. 또 필요에 따라 이동형 엑스레이 기기도 추가된다. 포슬린의 또 다른 공동 창업자인 조이스 손Joyce Sohn은 "포슬린은 바쁜 현대인들의 시간을 절약해주며 컨시어지와 같은 느낌의 서비스 경험을 제공한다."고 강조했다. 모든 치과 서비스가 소비자의 거실에서 즉각적으로 가능해진 것이다.

이외에도 '닥터 온디맨드Doctor Ondemand'는 의료의 모든 영역을 O2O로 확장시키며 헬스케어 온디맨드 서비스를 체계화하고 있다. IBM이나 오라클 같은 업체들도 의료정보화 솔루션을 개발하고 있어서 향후 오프라인 병원의 의료정보화 속도는 빨라질 것으로 보인다. 신개념 디지털병원 프로젝트인 '온디맨드' 서비스가 정착되고 있는 것이다.

1인 가구가 다양한 온디맨드 업체를 적시적소에 활용한다면 생활이 훨씬 편리하고 효율적으로 변할 수 있다. 온디맨드 서비스는 우리 삶에 깊숙이 스며들고 있다. 우리가 상상만 했던 것들이 현실이 되고 있는 셈이다. 온디맨드 서비스를 활용하는 한 여성 직장인의 싱글라이프를 O2O 앱을 통해 구성해봤다.

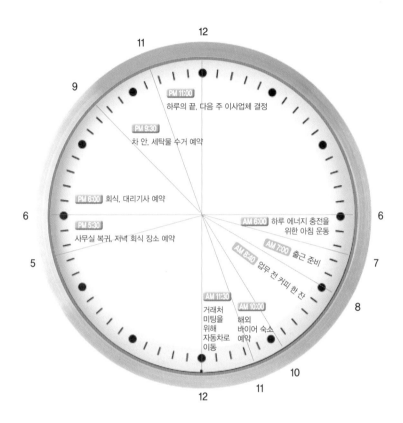

PM 6:00 하루 에너지 충전을 위한 아침 운동

퍼스널 트레이너 연결 O2O 서비스 '헬로마이코치'

매일 아침 헬로마이코치로 헬스 PT(Personal Training)를 받는다. 맞춤 트레이너를 연결해주는 O2O 서비스를 이용해 헬스트레이너를 직접 선택할 수 있어 더욱 편리하다.

AM 7:00 출근 준비

패션 렌탈 O2O 서비스 '코렌탈', '원투웨어'

출근 준비를 하기 위해 옷을 입는데 스타일 렌탈 O2O에서 보내온 아이템 중에 하나를 골라 입는다. 수많은 의류를 살 필요 없이 좋아하는 스타일만 알려주면 직접 배송까지 해준다.

AM 8:40 업무 전 커피 한 잔 ☕

커피 미리 주문 O2O 서비스 '스타벅스 사이렌오더', 'Syrup 오더'

회사 업무를 시작하기 전, 커피 한 잔을 마시고 싶다. 미리 주문 결제 앱을 통해 회사 앞 커피전문점에서 주문을 했다. 줄을 서서 기다릴 필요 없이 카운터에서 번호가 불리면 음료를 테이크아웃해가면 끝이다.

AM 10:00 해외 바이어 숙소 예약 📋

호텔 예약 O2O 서비스 '데일리호텔', 현지 숙소 예약 O2O 서비스 '에어비앤비'

해외에서 바이어가 방문한다. 한국에 일주일 동안 머물 호텔을 구해야 한다. 호텔앱을 이용해서 외국인 바이어의 취향에 맞는 방을 구해본다.

AM 11:30 거래처 미팅을 위해 자동차로 이동 🚗

주차 예약 O2O 서비스 '파크히어', '모두의주차장'

거래처 미팅을 위해 멀리 차를 가지고 나왔다. 그런데 장소가 강남역이다. 주차하기가 정말 힘들지만 주차장 앱을 이용하면 편리하게 주변의 빈 주차공간을 검색해준다. 근처에 비어 있는 주차장 현황을 알려주고 바로 예약까지 가능하다.

PM 5:30 사무실 복귀, 저녁 회식 장소 예약 🍴

참고: 맛집 추천 및 예약 O2O 서비스 '포잉', 'Syrup Table'

오늘 나에게 부여된 또 하나의 중요한 임무는 '회식 장소 찾기'다. 상사 입맛, 인원수 등을 고려해서 맛집 예약 앱에서 추천을 받는다.

PM 6:00 회식, 대리기사 예약 🚕

대리기사 예약 O2O 서비스 '카카오 드라이버', '플러스 드라이버'

술을 한잔 했으니 집까지 운전해줄 대리기사를 불러야 한다. 예전에는 1577-****을 찾았지만 이제는 간단하게 앱으로 찾는다. 과거에는 전화로 내가 있는 장소를 일일이 설명해야 했지만 이제는 위치정보로 바로 올 수 있다.

PM 9:30 차 안, 세탁물 수거 예약 👕

세탁물 수거 예약 O2O 서비스 '리화이트', '홈마스터', '워시온'

대리기사를 불러 집에 가는 길에 아무래도 나중에 빨래할 시간이 없어 세탁물 수거 서비스를 예약했다. 앱에 집 주소와 시간을 입력해놓으면 된다.

PM 11:00 하루의 끝, 다음 주 이사업체 결정 🚚

방 구하기 O2O 서비스 '직방', '다방', 이사 O2O 서비스 '한방이사'

다음 주에 이사가 예정되어 있다. 이사 갈 오피스텔은 방 구하기 앱으로 결정한 곳이다. 이사 날짜는 다음 주 금요일이다. 짐 싸기부터 청소까지 한 번에 해주는 프리미엄 이사 O2O 서비스가 있어서 연차를 쓰지 않고도 이사를 편하게 할 수 있다.

1코노미의 미래
건강한 1코노미 사회를 향해

외로움의 전염

외로움에 대해 연구하는 시카고대학교의 존 카시오포John Cacioppo는
사람들이 수많은 동료에 둘러싸여 있음에도 불구하고 큰 외로움을 느
끼고 있는 것을 발견했다. 그가 만난 5,000명이 넘는 사람들은 대부
분 수십 번도 넘게 친구나 동료들과 전화나 문자를 주고받았다. 그러
나 여전히 그들의 마음에는 진한 외로움이 가득했다. 이들은 1년에
48일 이상 지독한 외로움에 힘들어했다. 특히 옆의 친구가 외로움의
감정을 느끼면 자신도 외롭다고 대답한 사람이 상당수였다. 카시오
포의 분석에 따르면 친구가 외롭다고 느낄 때 나도 외롭다고 느낄 위
험성은 그렇지 않을 때보다 50퍼센트 올라가는 것으로 나타났다. 이
러한 외로움의 전염은 사회관계망을 통해 전염병처럼 퍼져 나간다.
나의 외로움이 나만의 괴로움에서만 끝나는 것이 아니라 주변 사람들

을 함께 힘들게 만든다는 연구결과다. 기존 이론들은 많은 친구들에 둘러싸여 있으면 외로움에서 자유롭다는 입장이었지만, 앞의 연구결과를 보면 넓기만 할 뿐 얕은 인간관계를 통해서는 현대인의 외로움을 극복하기 어렵다는 것을 잘 보여준다.

론리니스에서 솔리튜드로

> "우리의 언어는 현명하게도 혼자 있음의 두 측면에 대해 각기 다른 단어를 남겼다. 혼자 있음의 고통에 대해서는 외로움이라는 단어를, 혼자 있음의 영광에 대해선 고독이란 단어를." – 폴 틸리히(Paul Tillich)

혼자 있기 때문에 생기는 고통이 아닌 혼자 있음으로 영광이 되는 고독으로 승화되기 위해서는 어떻게 해야 할까? 예전에 학자들은 단순히 친구의 숫자를 통해 외로움의 정도를 측정하려고 했다. 관계의 양이 적어지면 더 외롭게 될 것이라는 가정이다. 그러나 인간관계의 숫자가 많기만 하고 그 깊이가 너무 얕으면 관계의 숫자는 외로움의 고통을 줄여줄 수 없다. 무엇보다 스스로를 외롭다고 느끼는지 여부에 따라 혼자 있는 것이 고통인지 즐거움인지 결정된다. 혼자 있는 고통을 '론리니스loneliness'라고 한다면 스스로 선택한 혼자 있는 즐거움은 '솔리튜드solitude'라고 할 것이다. 외로움은 내가 타인을 필요로 함에도 '거절당한 소외'를 의미한다면, 고독은 스스로의 '자발적인 자기격리'다. 자아를 타인으로부터 명확하게 구획하고 내면에 자신만의 성(城)을 지을 때 론리니스는 솔리튜드로 승화할 수 있다. 건강한 개인주의는 혼자만의 생활을 온전히 즐기면서도 타인과의 관계의 연결망은 놓지 않을 때 가능하다. 따라서 혼자만의 시간과 함께하는 관계가 적절하게 균형을 이룰 수 있어야 한다.

쿨한 공동체의 등장

"업무차 갖게 되는 식사자리도 불편했지만 집에 돌아와 혼자 마주하게 되는 밥상도 싫었어요. 그래서 외로운 사람들이 함께 모여 밥을 먹자는 생각에서 시작했지요. 그래서 이름도 집밥이에요. 밥을 매개로 사람 관계를 회복시키며 개인의 관심사를 공유한다는 것, 그것이 소셜다이닝이

틴더 소셜 앱

하는 일입니다. 들어와보시면 음악을 좋아하는 사람들 간의 모임, 와인 모임 등 각자 공유하고 싶은 테마별로 많은 방들이 참가자들을 기다리고 있습니다. 꼭 식사가 전제되지 않아도 됩니다." – 소셜다이닝 '집밥' 대표

　공동체의 의미가 변화하고 있다. '함께한다'라는 개념이 '따로 또 같이'의 의미로 바뀌고 있는 것이다. 절대적인 외로움은 지양하되 고독을 달래줄 수 있는 느슨한 공동체를 지향한다. 소위 쿨cool한 공동체가 속속 등장하고 있다. 대표적으로 소셜다이닝은 관심사나 취향이 비슷한 사람들끼리 모여 부담 없이 식사를 함께하고자 한다. 가벼운 한 끼 식사를 원하는 나홀로족은 '혼밥 동호회', '혼술 동호회'와 같은 역설적인 모임을 통해서도 고독함과 허기를 달랜다. 각자의 필요와 목적을 위한 '느슨한 모임'들이 다양하게 만들어지고 있는 것이다.
　글로벌 소셜 앱, 틴더Tinder는 앱 내에서 만나기를 원하는 사람들과 함께 모임을 만들 수 있는 그룹형 SNS 기능을 담은 '틴더 소셜Tinder

자료: www.bankiescollectief.nl

네덜란드 벤치스 컬렉티브

레스토랑 데이

Social을 오픈했다. 앱 내에서 3명의 친구들을 선택하고, 그룹을 생성하고, '오늘 저녁식사 같이할 사람!', '오늘 영화 같이 볼 사람!' 등의 상태 메시지를 모임의 성격에 맞게 설정할 수 있다. 이후 상대 그룹의 프로필이 마음에 들면 오른쪽으로 스와이프하고, 마음에 들지 않으면 왼쪽으로 스와이프하면 된다. 두 그룹이 서로 '좋아요'를 누르면 상호 매칭이 되어 그룹별 대화 및 그룹 내 개인 대화가 가능해진다.

네덜란드 암스테르담에서 시작한 '벤치스 컬렉티브Benches Collective'는 자신의 집 앞에 벤치를 설치하고 사람들에게 색다른 경험을 제공하는 서비스다. 벤치스 컬렉티브는 집 앞의 공간을 활용하고 싶은 사람들이 벤치를 사서 설치하고 사람들이 모일 수 있게 하는 것이다. 참여하고 싶은 사람은 밖에서 벤치 모임을 열기 좋은 5월에서 10월까지 매월 첫주 일요일에 웹사이트에서 오픈 시간과 지역을 설정하고 어떤 이벤트를 세공할지 설명하면 된다. 벤치에서는 커피, 점심식사, 미용, 댄스, 음악클래스 등 다양한 콘텐츠를 열 수 있다.

주인이 제공하는 모든 서비스는 이용자의 재량에 따라 가격이 결정되고 초대 손님 마음에 들지 않으면 가격을 지불하지 않아도 된다. 벤치가 플랫폼이 되어 공급과 소비가 형성되는 것이다. 경제적 이익을 추구하는 것보다는 이웃과의 즐겁고 재미있는 만남이 주목적이다. 벤치를 통해 기존의 이웃들과 더욱 돈독한 관계를 맺고 새로운 관계도 가벼운 마음으로 만들어갈 수 있다. 홈페이지가 페이스북과 연동되어 친구들을 초대하기도 편리하다.

레스토랑 데이는 전 세계에서 열리는 음식 축제로서 누구나 음식점, 카페, 바 등을 열 수 있다. "Eat, Drink, Enjoy!"가 레스토랑 데이의 축제 슬로건이다. 음식점이 열리는 지역 푸드 축제는 집, 사무실, 마당, 공원, 해변 등 장소에 구애받지 않고, 언제 어디서나 열린다. 레스토랑 데이는 2011년부터 2016년까지 일 년에 네 번씩 열려왔다. 개최자는 레스토랑 데이 홈페이지에서 오픈할 장소와 콘셉트를 정하고 거기에 맞는 메뉴를 제공한다.

2014년에는 35개국에서 개최됐고 개최된 레스토랑은 1,689개에 달할 만큼 인기가 높았다. 페이스북 등에 홍보가 되며 기존 브랜드나 기업, 정치, 종교 등과는 연관이 없어야 한다. 이 행사에서는 개최자들이 봉사활동을 하듯이 자발적으로 운영해 다른 사람을 위해 음식을 베푼다. 하루 동안 사람들과 음식을 나누고 경험을 공유하며 서로 관계 맺는 것을 지향한다.

1코노미 시대를 준비하는 우리의 자세

1인 가구는 거스를 수 없는 시대의 흐름이다. 이제 경제는 1코노미 시장으로 빠르게 재편되고 있다. 과거의 전형적인 소비 패러다임에서 벗어나 시장을 새롭게 바라보는 시각을 가져야 할 것이다. 예를 들어, 유통 산업은 1인 가구의 급증으로 인해 새로운 도전에 직면하고 있다. 직장과 일상을 겸해야 하는 1인 가구에게 가장 중요한 키워드는 '효율'이다. 편리하고 신속한 쇼핑이 가능해야 1인 가구의 선택을 받을 수 있다. 편의점과 O2O 쇼핑이 산업적 호황을 누리는 것도 이 덕분이다. 소위 쇼핑하는 데 노력과 시간을 최소화시키는 '제로 에포트 커머스Zero Effort Commerce'의 개념이 부상하는 것도 이 때문이다. 모든 유통채널이 '옴니채널'로 재편되는 것도 소비의 효율성을 극대화하기 위해서다.

1인 가구의 미래는 장밋빛만은 아니다. 화려한 싱글이라는 이름은 젊은 독신들에게만 어울리는 말인지도 모른다. 우리나라는 스웨덴, 핀란드 같은 북유럽 국가의 복지정책에 비해 너무도 미약하다. '노후 파산'이라는 신조어가 등장할 정도로 1인 노인가구의 경제적 전망은 그리 밝지 않다. 지금부터라도 혼자 사는 미래를 대비하고, 안심하고 노후를 설계할 수 있도록 제도적 · 정책적으로 준비해야 할 것이다.

가족 공동체 중심의 사회는 이제 변혁을 맞이하고 있다. 가정과 가족원이 더 이상 사회의 각 구성원들을 지지하는 울타리가 되지 못한다. 혼자 사는 사람들이 신체적 · 경제적으로 건강할 때는 큰 문제가 없지만, 경제적 어려움이나 육체적 질병이 발생하면 여러 가지 문제에 노출된다. 돌봐주는 사람 없이 외롭게 죽음을 맞이하는 고독사가 대표적이다. 이를 극복하기 위해서는 기존의 가정이라는 제도를 대체할 수 있는 대안적 공동체가 마련되어야 한다. 지역 커뮤니티나 주거 공동체가 그 대안이 될 수 있다. 이를 위해서는 개개인의 자발적인 연대도 중요하지만 국가적 · 사회적 정책으로 이를 지원해주는 노력도 필요하다.

이제 우리 사회의 건강함에 대해 진지하게 고민해야 할 때다. 우리나라의 자살률과 우울증은 세계 최고 수준인데 지역과 사회, 국가와 개인, 기업과 조직은 적절한 대응을 하지 못하고 있다. 사람들이 휴식과 힐링을 그토록 갈구하며 이를 위한 상품과 서비스를 많이 찾는다는 것은 그만큼 우리 사회의 스트레스 지수가 위험 수준을 초과했다는 반증이다. 어린 시절 교육으로부터 키워질 수 있는 건강한 가치관의 정립으로부터 국가적인 시스템의 개선, 기업 등의 조직문화의 변혁이 하루속히 이루어져야 할 것이다.

1인 가구라는 작은 가족의 형태가 만들어내는 변화는 가히 놀랍다. 식생활, 주거문화, 소비행태, 인간관계 등 거의 모든 분야에 걸쳐 생활 전반의 변혁이 이루어지고 있다. 1코노미의 다채로운 스펙트럼을 바라보며 우리는 중요한 지혜와 인사이트를 얻을 수 있다. 예를 들어, 싱글 라이프를 살아가는 사람이라면 새로운 사례를 보며 유용한 생활의 지혜를 얻을 수 있을 것이다. 기업을 경영하는 사람이라면 솔로 이코노미의 경제 현상을 이해하고 여기에 적합한 상품과 서비스를 개발하는 데 중요한 시사점을 찾을 수 있을 것이다. 정부 정책을 수립하는 사람이라면 현재의 1인 가구의 상황을 이해하고 효율적인 정책을 만들 수 있을 것이다.

다만 1코노미 시대에 우리가 잊지 말고 돌아봐야 할 부분은 1인 가구 시대의 빛에 가려진 어두운 그림자들이다. 젊은 솔로들의 화려함에 가려져 있는 1인 노인가구의 외로움과 빈곤. 반려동물 산업이 급성장하고 있지만 물건처럼 쓰고 버려지는 급증하는 유기견 문제. 이 외에도 우리 모두가 지혜롭게 풀어야 할 숙제들이 많이 있다는 것을 잊지 말아야 한다. 1코노미의 궁극적인 목표는 '개개인이 모두 행복해야 한다'는 것이다. 혼자만의 삶을 즐기되 소외되어 있는 또 다른 이웃들을 돌아봐야 한다. 모두가 행복한 1코노미의 미래 사회를 그려보며 글을 맺는다.

PART 1 1인 가구 전성시대

"가성비 시대의 B+ 프리미엄", 제일기획 사보, 2017.7.

"가치 소비 트렌드 '강세'… '포미(FOR ME)'족을 아시나요?", 스포츠조선, 2013.4.18.

"고독력 만렙, 나 혼자 '잘' 산다", 연합뉴스, 2016.4.6.

구본권, 『당신을 공유하시겠습니까?』. 어크로스, 2014.

"'기댈 사람 없다' 고독한 한국인", 경향신문, 2015.06.04.

김난도 외, 『트렌드 코리아 2017』, 미래의 창, 2016

김난도, 『럭셔리 코리아』, 미래의 창, 2007

"'나 홀로 가구'가 대세… 1인 가구, 520만 시대", 연합뉴스, 2016.9.7.

"'나를 위한 작은 사치'… 스몰럭셔리 열풍", 조선비즈, 2016.12.25.

"'나를 위해 아낌없이 투자'… 싱글족, 화려한 '호텔 외출'", 동아일보, 2017.2.16.

"'나홀로족'으로 산다는 것, 동아사이언스, 2016.8.13.

"내 인생 찾겠다. 노인도 솔로이코노미 시대", SBS CNBC, 2016.3.28.

[네이버 지식백과] 그루밍족(두산백과)

[네이버 지식백과] 던바의 법칙(시사상식사전 , 박문각)

"달라진 결혼 풍속도… 1인 가구 · 돌싱족 · 졸혼 프로그램 봇물!", 한강타임즈, 2017.6.14.

"'당신도 포미족?' 나를 위한 '가치 소비 트렌드' 여전", 아시아경제, 2013.4.21.

동그라미재단, 『한국 사회 변화를 읽는 사회 혁신 키워드』, 2015.6.

[부모의 눈물로 올리는 웨딩마치] 부모에 얹혀 사는 '기생 독신' 늘어… 그 바탕엔 신혼집 문제", 조선일보, 2012.9.14.

"불황 속 나만을 위한 작은 사치 '립스틱 효과'", 브릿지경제, 2015.6.3. http://www.viva100.com/main/view.php?key=20150602010000342

"소설 '작은 장르' 된 편의점 문학", 경향신문, 2017.1.25.

"'소소하게 낭비한다' 나는 '탕진잼'에 빠졌나 봐", 한국일보, 2016.11.9.

"소소한 낭비로 행복 찾기… '탕진잼' 소비트렌드 확산, 한국일보, 2017.3.8.

"시시콜콜 재미난 소비, '탕진잼' 해볼까", 머니S, 2017.1.20.

예술의 전당 블로그 http://hub.zum.com/sac/6142

"왜 나만 쳐다보는 걸까, 조명효과", 위키트리, 2012.6.11.

이동귀, 『너 이런 심리법칙 알아?』, 21세기북스, 2016

"치약 없는 칫솔, 셀프카메라… 비싸도 팔리는 '스몰럭셔리'", 경향신문, 2016.5.25.

"'티끌 모아봤자 티끌' 1인 가구 '포미族'을 주목하라", 뉴스1, 2017.1.3.

포미족 나이룸의 이야기 http://m.post.naver.com/viewer/postView.nhn?volumeNo=4004077&memberN

o=2627616&vType=VERTICAL

"한국의 미래가 아니길… 일본, 2035년 인구 절반이 솔로", 조선일보, 2017.6.15.

"혼술족은… 병 대신 잔술에 흘리고", 매일경제, 2016.7.26.

"'호핑족(Hopping)을 잡아라'… '小小'한 제품 인기몰이", 매일경제, 2017.2.27.

"'혼밥'부터 '혼여'까지… 나 혼자 (잘) 산다", 더피알, 2016.10.1.

"1인 가구, 비즈니스 개념을 바꾼다", 이코노미 인사이트, 2015.5.1.

"1인 가구가 신소비동력? '돈줄' 생각 앞서 보살핌부터", 김해신문, 2017.4.26.

http://blog.naver.com/skyblue7383/220890020925

http://hikostat.kr/2760

http://www.nocutnews.co.kr/news/4717926#csidx8bfa8e93e4e33999595b505340f f26a

PART 2 1코노미 소비 트렌드

"가족캠핑 · 떼캠핑 NO! 내가 '솔캠족'이 된 이유", 주간조선, 2014.7.7.

강준만, 『대중문화의 겉과 속 2』, 인물과사상사, 2003

"고민상담에 미세먼지 차단까지… '자판기' 무한 변신", 백세시대, 2017.6.2.

김명철, 『여행의 심리학』, 어크로스, 2016

김환표, 『트렌드 지식사전』, 인물과 사상사, 2013

"나도 혹시, '카.페.인' 우울증?", 조선일보, 2017.3.15.

"나 혼자 떠난다, '혼행족' 필수앱 추천", 파라다이스 블로그, 2017.3.27.

"나홀로 캠핑 '혼캠족' 급증", 중앙일보, 2016.9.30.

"나홀로 해외여행 가본 적 있다" 58%… '혼행族' 男 69%, 女 56%, 뉴시스, 2016.7.31.

"'나홀로족' 홀리는 가상연애 게임", 시사저널e, 2017.2.8.

"남성소비자 마케팅: 1) 다이슨처럼 남심 저격해야!", 비즈니스 인사이트, 2017.3.14.

"남성소비자 마케팅: 2) 남성 소비자 특징과 공략방법", 비즈니스 인사이트, 2017. 3.14.

"남자의 취향, 부엌 풍경을 바꾸다", 조선일보, 2017.3.29.

"내 셀카는 좋지만, 남의 셀카는 싫어… 이 심리는 뭐지?", 동아사이언스, 2017.2.24.

"'내 집은 내가 꾸민다' 셀프 인테리어族 납시오", 조선일보, 2016.1.22.

네이버 매거진 캐스트, 심야식당

[네이버 지식 백과] 에너지 하베스팅(두산백과)

[네이버 지식백과] ASMR(시사상식사전, 박문각)

[네이버 지식백과] 밀레니얼세대(시사상식사전, 박문각)

[네이버 지식백과] 번아웃신드롬(트렌드 지식사전 2, 인물과사상사)

[네이버 지식백과] 번아웃증후군(상식으로 보는 세상의 법칙: 심리편, 21세기북스)

[네이버 지식백과] 연결되지 않을 권리(시사상식사전, 박문각)

[네이버 지식백과] 컬러 테라피 – 몸을 다스리고 마음을 움직이는 색채

[네이버 지식백과] 코쿤족

[네이버 지식백과] 패스트퍼니처(시사상식사전, 박문각)

"놀라운 오타쿠 경제의 규모", 현대캐피탈 블로그, 2016.6.23.

대학내일20대연구소, 「2016 20대 트렌드리포트 하프에디션」, 대학내일연구소, 2016

"디지털 디톡스, 디지털도 다이어트가 필요하다", 유레카, 2016.10.12.

" [디지털 중독3] 멍 때리는 당신, 이미 최고의 의사", 뉴스핌, 2017.4.18.

"디지털, 이젠 피곤해! 디톡스 상품 인기", 마이다스, 2016.8월호

" [르포] '영화관에서 낮잠을?' CJ CGV '시에스타' 직접 이용해보니", 투데이신문, 2016.4.11.

"['마음약방' 2년 운영 결산] 가장 많이 팔린 처방은 '미래 막막증'", 헤럴드경제, 2017.3.4.

"막 찍어도 인생사진! 취향저격 셀카앱", 즐겨라 전성기, 2016.9.21.

"미국도 머리 싸맨 젊은이들의 '초식화'", 시사저널, 2016.8.24. http://www.sisapress.com/journal/article/157012

방해받지 않고 방해하지 않는, 'DD(Do not Disturb)족'에 주목하다, 트렌드 인사이트, 2014.12.11.

"[번아웃된 한국인] 직장인 1000명 설문조사 해보니… 보상 없는 과로가 번아웃 불러", 매경이코노미, 2013.12.

"불면의 현대인을 위한 '슬리포노믹스'가 뜬다", 서울경제, 2016.10.14.

비즈니스 인사이트, 이슈앤트렌드 http://blog.naver.com/businessinsight/221006937215

"'빈집' 늘어난다는데… '내 집' 좀 다오", 조선일보, 2017.1.9.

"사람들은 왜 셀카에 열광할까? 셀카 속 심리 이야기", 라이프 인사이드, 2015.6.24.

"사무실보단 라운지… 밀레니얼세대형 '공유 오피스'", 한국경제, 2017.2.28.

"나를 위한 작은 위로, 마음 약방", 시민청 네이버 포스트, http://blog.naver.com/simincheong

서울 셰어하우스 후기: 보더리스/바다/새보라비/우주/디웰, 작성자 제스

"선진국선 '가족'보다 '개인'에 정책 초점… 1인 가구에 공동주택 공급 · 거주비 지원", 경향신문, 2015.1.30.

"성인용 VR게임 'VR 카노조' 출시", 지디넷코리아, 2017.2.27.

"섹스 토이 숍 탐방기 – 플레저랩", GQ, 2016.4.

"셀카의 반경을 넓히다, 셀피 마케팅의 진화", 트렌드 인사이트, 2016.2.19.

셰어하우스 우주 홈페이지 https://www.woozoo.kr

"'소음 완벽 제거' 노이즈캔슬링 헤드폰 베스트 7", 이코노믹리뷰, 2016.3.18.

"소형 전기차 시대", 한국에너지공단, 2016.12.29.

"스릴을 찾아서 여행 떠나는 사람들", 시사IN, 2016.1.7.

"신기하고 맛있는 일본 통조림 5선", 라이브재팬, https://livejapan.com/ko/article/a0000095/

"심리학 연구팀이 제안한 '혼밥' 더 맛있게 먹는 법", 중앙일보, 2017.6.6.

에스더 M. 스턴버그, 『공간이 마음을 살린다』, 더 퀘스트, 2013

"여성의 안전한 귀가를 책임진다! 여성 안전 귀가 앱 3가지", Appketer 블로그, http://blog.naver.com/monsterfood/220765969255

"[여행팁] '혼행족' 위한 스마트 애플리케이션 Best 3", 이데일리, 2016.9.24.

"오뚝이족을 위한 자아성찰 비즈니스에 주목하다", 트렌드 인사이트, 2015.6.25.

"완벽한 낮잠을 위한 과학적인 비결", WSJ KOREA, 2013.9.4.

"유유자적 일한다? '디지털 노마드' 이해와 오해", 오마이뉴스, 2016.5.21.

"이제는 집순이 집돌이가 대세다! 스테이케이션 문화", 경기 콘텐츠코리아랩, 2016.12.16.

"자발적 왕따 즐기는 '혼자 놀기'의 달인들", 동아일보, 2015.4.19.

"전국 혼자 놀기 레벨 테스트, 나의 혼놀 레벨은", 위키트리, 2016.7.6.

"'조용함'을 구매하는 사람들, Hush족에 주목하다!", 트렌드 인사이트, 2014.6.16.

"[주거 난민으로 전락한 1인 가구] 솔로를 위한 주택은 없다", 중앙일보, 2017.1.27.

"진중권의 미학 에세이, 페르소나", 씨네21, 2012.5.18.

"집에서 운동하는 '홈트레이닝族' 증가… 시간 · 돈 절약", 문화일보, 2017.2.7.

"집에서 즐기는 홈캠핑 뜬다", 아웃도어 뉴스, 2016.10.5.

"청년 1인가구 주거면적, 英의 절반", 동아일보, 2016.11.22.

"초소형 전기자동차의 시대가 온다", 앱스토리 매거진, 2016.11.7.

"초소형 주거 '마이크로 하우징' 치솟는 주거비 대안 될까", 한국일보, 2016.10.21.

"[코워킹스페이스 탐방 #8] '시끄러워도 괜찮아?' 패스파인더(Pathfinder)", 플래텀, 2017.1.5.

코트라, 『2016 한국이 열광할 12가지 트렌드』, 알키, 2016

코트라, 『2017 한국이 열광할 세계 트렌드』, 알키, 2016

"[키덜트 성지순례 3] 덕후 프로젝트 '몰입 방법을 제대로 알려주마'", CNB 뉴스, 2017.4.14.

"키워드 오덕학", 미래한국, 2017.1.4.

"[터치의 심리학] 최초의 불안과 공허함, 요나 콤플렉스", 전성기뉴스, 2017.2.3.

"퍼스널 모빌리티, 전자제품 이어 이동수단도 개인화 시대?", LG경제연구원, 2016.10.7.

"'퍼스널모빌리티' 훨쩍 앞선 중국… 첫발도 못 뗀 한국", 세계일보, 2015.10.12.

"핀란드 마이카 대신 공유카, 교통혁명 실험", 한겨레신문, 2017.1.12.

한국디자인진흥원, 『디자인 트렌드 2017』, 쌤앤파커스, 2016

"한국인 정신건강 '빨간불'… 우울감 경험률 주요국 중 '최고'", 뉴시스, 2015.12.10.

"한적한 서울… 돌고 도는 2호선 '혼자 놀기' 딱!", 한겨레신문, 2017.1.28.

"향과 색, 우리의 마음을 치료하다", 트렌드 인사이트, 2013.4.1.

"현대사회에 온기를 불어 넣는 '컬렉티브 하우스'… 가족보다 자유롭고 타인보다 가깝다", 타임뱅크코리아,
2016.1.7.

"'혼밥'부터 '혼여'까지… 나 혼자 (잘) 산다", 더피알, 2016.10.1.

"혼밥족 70%가 15분 내 뚝딱… 건강에 적신호", YTN사이언스, 2015.3.3.

"혼자 노는 일은 생각 이상으로 즐겁습니다", 뉴스페퍼민트, 2015.6.8.("Why you should really start doing
more things alone", Washington Post, 2015.5.2.)

"혼자라서 즐거운 여행, 당신은 동의하십니까", 헤럴드경제, 2017.2.17.

"[혼자인가요? 1] "'펫, 비싸잖아' 나를 위로해주는 캐릭터 어때", 뉴스핌, 2016.11.15.

"홈트족이란? 시간과 비용을 절약하며 운동할 수 있는 홈트레이닝의 인기", 대신증권 블로그

#헬스타 시대, 새해 다이어트… 홈트레이닝이냐, 팀트레이닝이냐", 중앙일보, 2016.12.28.

"1인 가구 겨냥한 초소형주택에서 셰어하우스까지", 한국경제매거진, 2016.11.2.

"'1인 노인가구 증가' 무연고 사망 4년새 179% 증가", 연합뉴스, 2016.9.14.

"1인가구 증가 영향… '혼행족' 급증", 데일리안, 2017.2.8.

"1인가구+공유경제 바람… '셰어하우스' 전문업체 4", 싱글리스트, 2017.2.7.

"[2016 新주거트렌드] '집도 共有'… 밍글족 · 0.5인가구 겨냥", 아시아경제, 2016.4.3.

"2030세대 '나만의 공간'에 모여든다", 서울경제신문, 2016.10.22.

"CMB 대전방송, 혼밥족 1인 가구. 나트륨 과다섭취… 건강적신호", 2017.3.9.

http://blog.hanwhadays.com/4039

http://blog.hyosung.com/2901

http://cahierdeseoul.com/ko/songpa-micro-housing-2/

http://terms.naver.com/entry.nhn?docId=2067338&cid=42107&categoryId=4210

http://www.inhabitat.com?

LG전자 블로그 http://social.lge.co.kr

"SOLO Economy 혼자, 뭐하니?", 미래에셋, 2015.12.10.

PART 3 1코노미 비즈니스

"'가족 된 반려동물 '펫코노미(Pet + Economy)' 급성장", 매일경제, 2016.11.18.

"개인화 시대의 새로운 패러다임, DNA를 주목하라", 트렌드 인사이트, 2014.11.10.

김난도 외, 『트렌드 코리아 2017』, 미래의 창, 2016

[네이버 오픈사전] 신 스틸러

[네이버 지식백과] 데이터스모그(시사상식사전, 박문각)

"노인을 위한 나라는 있다: 스위스 스마트홈 시장", 코트라 해외시장뉴스, 2016.11.30.

"당신의 취향, 포털은 안다… 네이버 vs. 카카오", 아이뉴스, 2017.6.24.

"猫(묘)한 매력에 푹 빠져 너도 나도 '고양이 집사'", 조선일보, 2016.5.23.

"미국, 온디맨드 치과 서비스 스타트업 '포슬린'", Be success, 2016.8.11.

"[반려동물 IT시대] 펫 IT시장, 1인가구 시대 '블루오션'", 이코노믹 리뷰, 2017.3.8.

"반려동물이 주는 정신 건강 향상 효과", 건강나래, 2016.8.

"범죄예방 환경개선(CPTED) 정책의 바람직한 방향", 경찰청생활안전국

"병원정보화 '이제는 온디맨드로 간다'",데일리메디, 2016.3.18.

"세상에 단 하나뿐인 'DNA 맞춤 맥주' 등장", 나우뉴스, 2016.12.15.

"스타벅스엔 반려견 위한 비밀 메뉴가 있다?", 한국일보, 2015.10.15

"싱글족(1인 가구)의 경제적 특성과 시사점", 현대경제연구원, 2015.8.

"외로운 노인들의 친구, 인공지능(AI) 로봇 '엘리큐'", 로봇 신문, 2017.1.16.

"우리 강쥐랑 술잔 부딪쳐볼까?", 한겨레21, 2017. 6.21.

"'우범지역 한 눈에' 범죄지도 첫 선… 논란 여전", KBS, 2013.11.14.

"우울증보다 무서운 펫로스 증후군", 주간조선, 2015.12.14.

"워싱턴포스트 살린 제프 베조스의 마법 '큐레이션'", 한국경제매거진, 2016.3.1.

웰니스케어 확산과 미래 의료시스템, 정보통신정책연구원, 2015.12.

"이 동네에서는 나쁜 짓을 못하겠네", 조선일보, 2017.1.5.

이동귀, 『상식으로 보는 세상의 법칙: 심리편』, 21세기북스

"인도어 가드닝 관심 증가… '반려식물'이 뜬다", 스포츠조선, 2016.4.5.

"일상이 된 고독사… 국가차원 안전망 급하다", 국민일보, 2017.6.29.

코트라, 『2016 한국이 열광할 12가지 트렌드』, 알키, 2016

진중권, 『고로 나는 존재하는 고양이』, 천년의상상, 2017

"[한 컷 세상] 나랑 살래?… 반려식물 찾는 1인 가구", 서울신문, 2017.4.19.

"1인 가구 생활백서", 전자랜드, 2017.4.13.

"2035년 40%가 '1인 가구'", 서울경제신문, 2017.3.2.

http://blog.naver.com/benefitmag/220952243671

http://blog.naver.com/seoulcouncil/220943634332

http://navercast.naver.com/magazine_contents.nhn?rid=2011&contents_id=123140

https://en.optim.co.kr/news-detail/10996

KT경제경영연구소, 『2017 한국을 바꾸는 7가지 ICT트렌드』, 한스미디어, 2016

LG디스플레이 블로그 내용 재구성 http://blog.lgdisplay.com/2016/09/o2o/

"SMART TOY, IT 기술의 미래를 잉태하다", SK C&C, 2016.1.27.

"[Why] 이젠 반려식물… 식물호텔에 식물병원까지", 조선일보, 2017.4.22.

에필로그

김난도 외, 『트렌드 코리아 2017』, 미래의 창, 2016

"소셜다이닝을 대중화시킨 '집밥'", 한국장학재단 웹진 휴, 2016.3.

정성훈, 『사람을 움직이는 100가지 심리법칙』, 케이엔제이, 2011

"쏘쿨한 공동체의 등장", 트렌드 인사이트, 2014.12.24.

"혼자가 아닌 함께 놀기! 틴더 소셜", KOREA W, 2016.9.30.

＊ 이미지와 도표 자료는 대부분 저작권자에게 동의를 얻어 실었으나, 출처를 찾기 어려워 동의를 구하지 못한 자료도 일부 있습니다. 동의를 얻지 못한 자료의 저작권자께서는 북이십일로 연락주시면 상응하는 소정의 대가를 지불하겠습니다.

KI신서 7145

1코노미

1판 1쇄 발행 2017년 9월 18일
1판 4쇄 발행 2020년 7월 13일

지은이 이준영
펴낸이 김영곤 **펴낸곳** (주)북이십일 21세기북스

영업본부 이사 안형태 **영업본부 본부장** 한충희
출판영업팀 김수현 오서영 최명열
표지 디자인 석운디자인 **본문 디자인** 박선향
제작팀 이영민 권경민

출판등록 2000년 5월 6일 제406-2003-061호
주소 (우 10881) 경기도 파주시 회동길 201(문발동)
대표전화 031-955-2100 **팩스** 031-955-2151 **이메일** book21@book21.co.kr

(주)북이십일 경계를 허무는 콘텐츠 리더

21세기북스 채널에서 도서 정보와 다양한 영상자료, 이벤트를 만나세요!
페이스북 facebook.com/jiinpill21 **포스트** post.naver.com/21c_editors
인스타그램 instagram.com/jiinpill21 **홈페이지** www.book21.com
유튜브 www.youtube.com/book21pub
서울대 가지 않아도 들을 수 있는 명강의! 〈서가명강〉
네이버 오디오클립, 팟빵, 팟캐스트에서 '서가명강'을 검색해보세요!

ⓒ 이준영, 2017

ISBN 978-89-509-7192-2 03320

책값은 뒤표지에 있습니다.
이 책 내용의 일부 또는 전부를 재사용하려면 반드시 (주)북이십일의 동의를 얻어야 합니다.
잘못 만들어진 책은 구입하신 서점에서 교환해 드립니다.